デジタルサイネージ
2020

一般社団法人デジタルサイネージコンソーシアム
マーケティング・ラボ部会 編

はじめに

　デジタルリイネージコンソーシアム（DSC）は、来年で設立10年を迎えます。10年前を振り返ると、「電子看板」であった屋外広告は、今やみなネットワークでつながり、屋内の小型ディスプレーも活躍していて、広告だけではない公共的な役割も果たすようになっています。その間、スマートフォンやタブレットも普及しました。テレビ、PC、ケータイのスキ間を埋める第4のスクリーンは、サイネージもスマートフォンも入り乱れ、定義も棲み分けもうまくできなくなりました。屋内外、大小、その区別なく全てが面的につながったデジタル空間が現出したのです。

　やがてサイネージとスマートフォンの連動がテーマとなり、その中身も、コンテンツの提供から、ソーシャルメディアを介したコミュニケーションへと軸足が動いてきました。デジタルサイネージは、新しいコミュニケーションメディアとして、街の中で確固たるポジションを得つつあります。ところが、そのとたん、デジタルの世界は、「スマート」から「IoT」や「AI」へと舞台を変えつつあります。全てのモノがネットでつながり、それが知能を持つようになる。これによってまたしてもデジタルサイネージは、街の中での位置づけが問われようとしています。

　デジタルサイネージは、IoTやAIの時代に、どのような役に立とうとするのか。今年は新しいポジションを模索する動きが現れます。そしてその動きは、先進的なサイネージをプロデュースしてきた日本が世界をリードするのではないかと期待するところです。注目すべきは日本政府の動きです。総務省が2020年をにらみ、多言語・防災「おもてなし」デジタルサイネージを整備すべく動いています。整備を強化するICTインフラの中でもデジタルサイネージを最重点事項と位置づけて、方策をデジタルサイネー

ジコンソーシアムと連携して練っているところです。これは、われわれが発出した「都内 1000 箇所に 3 カ国語によるおもてなしサイネージを設けること」「4K8K パブリックビューイングを数万箇所に設けること」といった提言を踏まえての動きです。

　昨年、デジタルサイネージコンソーシアムは一般社団法人となりました。デジタルサイネージの一層の発展に向け邁進致します。引き続きご指導ご鞭撻を賜りますようお願い申し上げます。

　　　　　　　一般社団法人デジタルサイネージコンソーシアム理事長
　　　　　　　慶應義塾大学大学院教授

　　　　　　　中村伊知哉

はじめに　　　　　　　　　　　　　　　　　　　　　　　1

1. デジタルサイネージの基本　　　　　　　　　　　　　　7

1-1　デジタルサイネージの代表的な展開実例　　　　　8

1-1-1　トレインチャンネル　　　　　　　　　　　　10
1-1-2　J・ADビジョン　　　　　　　　　　　　　　12
1-1-3　Q'S EYE　　　　　　　　　　　　　　　　　14
1-1-4　丸の内ビジョン　　　　　　　　　　　　　　16
1-1-5　グランフロント大阪の「コンパスタッチ」　　18
1-1-6　東京都港区デジタルサイネージ　　　　　　　20
1-1-7　FLOWERS BY NAKED　　　　　　　　　　　　24

1-2　利用目的分類　　　　　　　　　　　　　　　　　26

1-2-1　デジタルサイネージの利用目的　　　　　　　26
1-2-2　目的別概要　　　　　　　　　　　　　　　　26

1-3　ビジネスモデル　　　　　　　　　　　　　　　　29

1-3-1　デジタルサイネージのビジネスモデル　　　　29
1-3-2　広告用途のデジタルサイネージのステーク
　　　　ホルダー　　　　　　　　　　　　　　　　30
1-3-3　ロケーションの調達方法　　　　　　　　　　33

1-4　システムモデル　　　　　　　　　　　　　　　　36

1-4-1　システム構成の概要　　　　　　　　　　　　36
1-4-2　CMS（Content Management System）　　　　　37
1-4-3　配信サーバー　　　　　　　　　　　　　　　38
1-4-4　通信回線　　　　　　　　　　　　　　　　　39
1-4-5　プレーヤー　　　　　　　　　　　　　　　　39

	1-4-6　ディスプレー	40
1-5	**法規制**	42
	1-5-1　屋外広告物条例、景観条例	42
	1-5-2　その他の規制	45
	1-5-3　コンテンツ権利処理	47

2. デジタルサイネージの実践　　49

2-1　ロケーションと事業主体　　50

- 2-1-1　商業施設　　50
- 2-1-2　交通機関　　51
- 2-1-3　自治体・公共施設　　53
- 2-1-4　オフィス・住宅　　54

2-2　実践的な推進手順　　56

- 2-2-1　共通の留意点　　56
- 2-2-2　広告用途サイネージにおける留意点　　59
- 2-2-3　販売促進用途サイネージにおける留意点　　62
- 2-2-4　情報提供用途サイネージにおける留意点　　65
- 2-2-5　エンターテインメント用途のデジタルサイネージの留意点　　67
- 2-2-6　まとめ　　69

2-3　UI（ユーザーインターフェィス）　　71

- 2-3-1　筐体デザイン　　73
- 2-3-2　画面デザイン　　77
- 2-3-3　多言語対応サイネージのUI　　79

2-4　モバイル連携　　83

- 2-4-1　現状　　83
- 2-4-2　課題　　85

	2-4-3　今後の進化展開	87
2-5	**関連ビジネス**	90
	2-5-1　プロジェクションマッピング	90
	2-5-2　ライブビューイング・パブリックビューイング	92
2-6	**国際標準化**	95
	2-6-1　標準化の必要性と活動概要	95
	2-6-2　W3C での活動	97
	2-6-3　ITU での活動	98
2-7	**ピクトグラム**	101
	2-7-1　ピクトグラムとは	102
	2-7-2　デジタルサイネージに必要なピクトグラムと掲示のルール	103
2-8	**モーショングラフィックス**	105
	2-8-1　モーショングラフィックスのメリット	106
	2-8-2　デジタルサイネージコンテンツ効果的実例	107
	2-8-3　将来に向けて	108

3. 近未来のデジタルサイネージ　　111

3-1　2020 年の市場展望　　112

　　3-1-1　デジタルサイネージ市場に係る新たな動向　　112
　　3-1-2　2020 年のデジタルサイネージ市場規模推計　　113
　　3-1-3　4K8K によるデジタルサイネージ　　117

3-2　2020 年に向けた新トレンド　　119

　　3-2-1　緊急災害対応　　122
　　3-2-2　多言語対応　　123
　　3-2-3　スマートフォン連携　　129

- 3-2-4　ICカード連携　131
- 3-2-5　Web-based サイネージ　134
- 3-2-6　ソーシャルメディア連携　139
- 3-2-7　AD プラットフォーム　144

3-3　新たなテクノロジー　150

- 3-3-1　デジタルサイネージのディスプレーの進化　150
- 3-3-2　デジタルサイネージへの音声分析技術の適用　153
- 3-3-3　IoT とビッグデータ　153
- 3-3-4　デジタルサイネージに必要なネットワーク　155
- 3-3-5　デジタルサイネージのサイバーセキュリティー対策　157

3-4　近未来を予感させる展開事例　161

- 3-4-1　ビックロモニター　161
- 3-4-2　イオンチャンネル　163
- 3-4-3　新宿駅西口広場デジタルサイネージ　166
- 3-4-4　ルートファインダー　168
- 3-4-5　4K ナビタ　170
- 3-4-6　Speed Chess　172
- 3-4-7　DOME KICK OFF PARTY 2016　174
- 3-4-8　え〜でる　すなば　プラス　176
- 3-4-9　CITY LIGHT FANTASIA by NAKED　178
- 3-4-10　インフォベール　180
- 3-4-11　LinkNYC　182
- 3-4-12　デジタルサイネージプランナー育成の必要性　186

おわりに　189

デジタルサイネージに関連する主な用語　191

1. デジタルサイネージの基本

　デジタルサイネージだけに限らず、基本を理解することは重要だ。この章ではまず、日本国内の代表的なサイネージを紹介するとともに、デジタルサイネージの利用目的とビジネスモデル、システム、法規制など、基本的な前提知識について説明する。

1-1 デジタルサイネージの代表的な展開実例

【デジタルサイネージ（Digital Signage）とは】

　屋外・店頭・公共空間・交通機関など、家庭以外のあらゆる場所で、ディスプレーなどの電子的な表示機器を使って情報を発信するシステム。ネットワークに接続したものや、接続していないスタンドアローンなものがある。表示装置そのものは、ディスプレーのほか、電子看板、ビジョン、モニター、チャンネル、プロジェクター、デジタルOOHなどとも呼ばれることもある。紙のポスターと比べて導入コストはかかるが、静止画を切り替えて見せたり、動画を放映することができるほか、AR（Augmented Reality）、VR（Virtual Reality）、インタラクティブ展開など様々な展開も可能など、圧倒的に表現力が高く情報量も多い。情報更新の頻度が高く、掲出場所が多い場合では、貼り替えの手間や時間、印刷コストの削減が可能だ。表示装置（ハードウェア）の発展、デジタルネットワークや無線LANの普及と相まって、新たな広告媒体として、またマーケティングツールや情報伝達ツールとしての利用が各分野で進み、新しい市場が形成されている。

　設置ロケーションは下記のように、施設の顧客・利用者、あるいは不特定多数の視認者をターゲットとして設置が拡大している。

・交通機関：駅、空港、電車、バス、タクシーなど
・インストア他：小売店、商店街から百貨店、大型のショッピングモールまでの商業施設、外食店舗、大学などの教育機関、病院などの医療機関、金融機関、アミューズメント施設、自動車教習所、ホテル、結婚式場など
・屋外：街頭、ビルの屋上、ビル壁面
・公共施設：官公庁施設、図書館、美術館、博物館、公営競技場など

・オフィス:ロビー、休憩スペース、執務スペース、工場内など
・臨時展開:イベント、ライブコンサートや初詣の時期の神社・寺など

　デジタルサイネージの主な運用目的としては「広告」、「販売促進」、「情報提供」、「エンターテインメント」がある。

　画面のサイズは、小売店の陳列棚に設置してある10インチ程度のものから、公営競技場(競馬場)の2650型(インチ)(H11.2m×W66.4m)まで大きさは幅広い。

　画面の向きは、テレビのように横型(横長)が主流だったが、店頭や、駅を中心に縦型(縦長のもの)が増加傾向にある。

　デジタルサイネージには様々な方式・種類がある。液晶(2K、4K、8K)、透過型液晶、曲面液晶、LED、プロジェクター、リアプロジェクター、有機EL、無機EL、電子ペーパー、ホログラフィックなど。

　通信手段は、USBメモリーやSDカードなどをつなぎ映像を再生するスタンドアローンなもののほか、有線網(光回線など)、無線LAN(Wi-Fi)、広域無線移動体通信(WiMAXなど)、PHS、モバイル通信(3G・LTEなど)、ミリ波など、ネットワークを介して配信するものがある。

　この章では、様々なロケーションにおけるデジタルサイネージの代表的な展開事例を取り上げ、その概要と優れた特長について解説していく。

1-1-1「トレインチャンネル」
～国内最大規模の広告用サイネージネットワーク～

【概要】

ロケーション	面数	サイズ	向き	主な利用目的	放映時間
電車内ドア上部 (JR山手線他)	約27,000面	15～17インチ 液晶ディスプレー	横向き	広告・ニュース・天気予報等	初電～ 終電

（面数は 2016 年 3 月現在）

【設置の経緯】

　2002 年に JR 東日本が山手線に導入を開始した新型車両「E231 系」では、車内のドア上部に 2 面の液晶ディスプレーが設置された。右側は行き先や停車駅案内、運行情報等を表示する鉄道業務用ディスプレー、左側を広告放映用のディスプレーとし、「トレインチャンネル」と名づけて販売された。その後、JR 東日本では中央快速線、京浜東北線、京葉線、埼京線等の首都圏各線に順次、新型車両「E233 系」を導入、いずれもドア上部にサイネージが設置され、現在では 8 線区約 360 編成約 27,000 面に及ぶ大型サイネージネットワークとなっている。

図 1-1-1-1　トレインチャンネル（左側ディスプレー）

【商品設定とコンテンツ】

　トレインチャンネルでは 1 ロールの長さを 20～25 分とし、各線区での放映をセットにしたスポット CM の他、単線区のみのニーズにも対応できるように多くの商品が設定されている。また

CM以外にもニュース・天気予報等のコンテンツを放映、情報は1日4〜5回、随時更新される。

2013年からはコンテンツプロバイダーの提供するリアルタイムの熱中症指数や紫外線指数、花粉情報と広告を連動させた「コンテンツ連動商品」を展開、定番の企画商品として定着しつつある。

図1-1-1-2 指数連動型コンテンツ（花粉情報／日本気象協会）

【トピックス】

2015年11月、山手線で新型通勤電車の量産先行車として「E235系」が運転を開始した。この車両では広告用サイネージとして、従来のトレインチャンネルに加えて、21.5インチの液晶ディスプレーを荷棚上部に3面、車両間の扉上部に1面新設し、さらに広告のデジタル化を進めている。

図1-1-1-3 まど上チャンネル（E235系）

資料提供：（株）ジェイアール東日本企画

1-1-2「J・ADビジョン(ジェイアドビジョン)」
～駅ナカ広告用サイネージのデファクトスタンダード～

【概要】

ロケーション	面数	サイズ	向き	主な利用目的	放映時間
駅構内	430面	60～70インチ液晶ディスプレー	縦向き	広告・ニュース・天気予報等	5:00～24:00

(面数は2016年3月現在)

【設置の経緯と特長】

　2008年にJR東日本は65インチの液晶ディスプレー10面を東京駅構内の柱に縦向きに埋め込み、デジタル広告の効果を検証する実験を行った。柱にディスプレーを縦向きに設置することは当時、初めての試みであった。接触する利用者が常に移動している駅構内ではサイネージへの接触時間が極めて短く、サイネージのメリットが出しにくかった。複数面にサイネージを設置して同時に放映することにより、接触時間と認知率が向上することがその後検証され、①複数の柱に②流動に正対して③サイネージを縦向きに設置することが、駅構内でのサイネージ設置仕様のデファクトスタンダードとなった。その後、運営する(株)ジェイアール東日本企画では、このサイネージを「J・ADビジョン」と名づけて首都圏主要駅を中心に設置を拡大し、現在では50駅430面となっている。

図1-1-2-1　J・ADビジョン(東京駅丸の内南北通路)

【商品設定とネットワーク】

　J・ADビジョンでは原則として6分ロールで15秒CM24枠の広告商品が設定されている。うち3分30秒（14枠）は複数拠点をセットで販売する「ネットワーク商品」として1週間単位で販売、後半の2分30秒（10枠）は「単駅枠」として月単位で販売している。このように異なる販売単位の広告商品を柔軟に組み合わせて設定できることもサイネージの大きなメリットである。またクライアントニーズを考慮して、品川駅自由通路（70インチ・44面）のように単駅販売のみを行っている拠点もある。

　2012年からJR東日本エリアのJ・ADビジョンと他のJR各社主要駅に設置されたデジタルサイネージ計581面（2016年3月現在）をセットで放映する「JR6社ネットワークセット」の販売を開始している。複数の事業者が連携して全国規模の広告ネットワークを駅ナカサイネージで実現している例である。

図1-1-2-2　J・ADビジョン（品川駅自由通路）

【トピックス】

　（株）ジェイアール東日本企画では2015年から、首都圏以外の主要駅での展開に注力、J・ADビジョンの他に画面を横向きに設置する「J-Spot（ジェイスポット）ビジョン」も11駅で20面展開している。　　　　　　資料提供：（株）ジェイアール東日本企画

1-1-3 「Q' S EYE」
～大型屋外ビジョンの代表事例～

【概要】

ロケーション	面数	サイズ	主な利用目的	放映時間
渋谷駅前商業施設 外壁面	全画面	425㎡	環境映像、時報	原則 9:00～24:00
	(広告面)	100㎡×2面	広告放映	

(2016年3月現在)

　渋谷駅ハチ公前広場の正面に位置する商業ビル「Q FRONT」は渋谷のランドマークとして高い認知度を持つが、そのフロント全面が「Q' S EYE」という名称の LED ビジョンで覆われている。放映コンテンツの中心は TVCM をはじめとする広告動画で、それ以外にもニューステロップや環境映像、時報などが放映されている。配信主体は東急電鉄であり、東急 OOH という広告プラットフォームにより運営され、2013年に LED のフルリニューアルを行い HD 画質での配信が可能になった。コンテンツ配信はグループ会社のイッツコムが専用回線で行っている。

図 1-1-3-1　Q FRONT とその前面に設置された Q' S EYE

広告の放映パターンは毎時4回もしくは8回を基本とし、これに放映日数が掛け合わされる。これ以外にも買切りパターン、時報広告プラン、両隣のビルのビジョンとの4面シンクロ放映などが可能である。

参考 URL：http://www.tokyu-ooh.jp/outside/media/qseye.html

【スマートフォンとの連携事例】

Q'S EYE はネット接続が可能なバックエンドシステムを持つ。これを利用してスマートフォン連携を行ったのが、2013年に行われた"「Q'S EYE」渋谷夏祭り"でのデジタル花火大会である。一般の参加者3,900人超が、自分のスマートフォンを操作して大画面に86,000発の花火を打ち上げた。

［デジタルサイネージアワード2014 ゴールドを受賞］

図1-1-3-2　Q'S EYE 渋谷夏祭り

図1-1-3-3　スマートフォン画面

図1-1-3-4　打上げ風景

資料提供：東京急行電鉄（株）

1-1 デジタルサイネージの代表的な展開実例

1-1-4 「丸の内ビジョン」
～丸の内エリアの街メディア～

【概要】

ロケーション	面数	サイズ	向き	主な利用目的	放映時間
オフィスビル・商業施設ビル・エレベーター内	117面	13～80インチ液晶ディスプレー	横向き	エリア店舗・イベント情報、防災情報、ニュース天気、広告、ライブ(イベント等)	8:00～22:00
	1面	166インチ大型LEDビジョン			

(面数は 2016 年 4 月現在)

【設置の経緯と特長】

　2002 年 9 月、東京駅前の丸ビル開業と同時に、丸の内エリアの「街メディア」として運営を開始。その当時はデジタル・ハイビジョン映像方式によるエリア放送は世界初の試みだった。オペレーションは丸ビル 7 階の「放送センター」で一括管理を行い、丸の内・大手町・有楽町エリアの全 20 施設 118 面に映像を配信している。

図 1-1-4-1　マルキューブビジョン (166 インチ)

【ロケーションとコンテンツ】

就業者・来街者に情報提供できるビルのエントランス、リフレッシュルーム、エレベーター等にモニターを設置。放映内容は以下のとおり多岐にわたっている。
①ニュースや天気予報等の利便情報、②災害時（地震・台風等）の防災放送、③エリア情報（エリア内の店舗、イベント案内、環境映像等）、④広告、⑤イベント等のライブ放送

【災害時の対応事例と運営体制】

通信インフラは光専用回線による強固なネットワークを整備し、また配信システムは蓄積とストリーミングの両方の機能を整備しているため災害に強いこと、またソフト面においても「丸の内ビジョン災害時マニュアル」の作成や、非常災害時オペレーション訓練を定期的に実施しており、2011年の東日本大震災の際には地震発生の9分後にはNHK緊急放送に切り替え、ストリーミングで就業者等へ情報提供を行うことができた。

図1-1-4-2　東日本大震災発生時の様子

【今後の課題】

丸の内エリアの再開発に伴い、モニター設置場所の拡大を図り2020年に向けてシステム機器類の更新や放送内容の充実を図っていく予定である。

資料提供：三菱地所(株)

1-1-5 グランフロント大阪の「コンパスタッチ」
～来場者の口コミが表示されるサイネージ～

【概要】

ロケーション	面数	サイズ	向き	主な利用目的	放映時間
商業施設ビル内オフィスビル・	29面	50インチ 47インチ (単方向型)	縦向き	施設内の情報発信・広告・災害時の緊急配信・イベント時のライブ利用	原則 10:00～21:00
	36面	42インチ (双方向型)	縦向き	店舗やイベントなど様々な情報を検索・閲覧	

NFC リーダーライターやカメラも配備している。CMS（コンテンツマネジメントシステム）も構築してあり、例えば、店舗情報は店舗の人が内容を更新することができる。

【設備の機能】

「知る」「参加する」「つながる」の3つの機能がある。

(1) **知る**：フロアマップ、店舗情報、イベント情報などをスマートフォンを模した操作で知ることができる。
(2) **参加する**：施設ごとに「いいね」ボタンがあり、それを押すと数字が表示される。「まちツイ」という専用のスマートフォンアプリ機能の1つと連携し、来場者が今の気持ちやレビューなどを、スマホを使って施設ごとに投稿することができ、それが口コミとして表示される。
(3) **つながる**：店舗やソシオという街の公認サークルの公式Facebookとも連携。そこでの発言もまちツイとして表示される。また、友達機能「まちトモ」で、店舗スタッフやつぶやいた人のフォローができる。ソシオに参加するというリアルの場でのつながりもできている。

サイネージに、スマートフォンを通してユーザー間や施設の従業員とのコミュニケーション機能を持たせている点が先進的。来場者は、リアルタイムな「まちツイ」の口コミ情報の方が信憑性が高いと判断しがち。その声を伝える仕組みを提供している。こ

のサービスでは、クーポンのプッシュ通知など販促的なものは副次的で、あくまで来場者同士、あるいは店舗従業員と交流してもらっことを促す仕組みにもしてあるという点が他の商業施設と大きく違う。本質的な狙いは、街そのものを楽しんでもらって、リピートするファン作りとしている。

【利用者数】

「コンパスタッチ」の利用者は、毎月約60万～70万アクション（Webでいうところのページビューに相当）。利用目的は店舗検索・イベント検索が大多数を占める。有名タレントの作品展には最終的に5,915もの「いいね」が表示されたこともある。専用アプリである「コンパスアプリ」のダウンロード数は、2016年3月上旬時点で、約85,000件。2014年の3月時点約35,000から増加している。2015年冬季からは新たな試み「カメラ機能による記念撮影」が一部実施されている（図1-1-5-2）。クリスマス時期には1週間で約2,000組の利用があった。

図1-1-5-1　コンパスタッチの利用者　　図1-1-5-2　カメラ機能を楽しむ女性

【課題】

多言語にも対応する表示もあり切り替えが行われるが、口コミ表示が日本語でしか入力されないので限界がある。

【将来計画】

多言語対応に関しては、マップに特化したコンテンツの改良を検討している。　　　　　　　　資料提供：グランフロント大阪

1-1-6 東京都港区デジタルサイネージ
～自治体による情報発信と災害時用の電子ペーパー利用、既存民間サイネージとの連携～

【概要】

液晶＋電子ペーパー併用型

ロケーション	面数	サイズ	主な利用目的	放映時間
港区役所ロビー	1	55インチ液晶と9インチ電子ペーパー	行政情報・緊急情報	開庁時間

自動販売機内蔵電子ペーパー型

ロケーション	面数	サイズ	主な利用目的	放映時間
港区役所建物外	1	9インチ電子ペーパー	行政情報・緊急情報	24H

　東京都港区は、ホームページをはじめ、広報紙や広報番組、電子メール、Twitter、Facebookなど、さまざまな媒体を活用し、区民に情報を発信してきた。これまでの情報発信は、情報を必要とする人に、情報を探しにきてもらう「プル型」の情報発信がメインであった。しかし、子育て中で忙しく情報検索をする時間のない人や、ホームページやSNSを活用できない高齢者など、区が発信する情報を入手しにくい環境の人も多い。

　日常生活の中には、窓口での待ち時間や、バスの乗車時間など、滞留時間も多いので、「順番を待っている来庁者に、たくさんある区政情報・サービスを、効率的に届けることはできないか……」と、一人の職員が考え、職員提案制度（※）に事業提案したことをきっかけに、スタートしたものである。

※　職員提案制度とは、地域や職場で抱える課題を解決するために、職員自らの発想で、新たな事業を創造し、提案する制度。

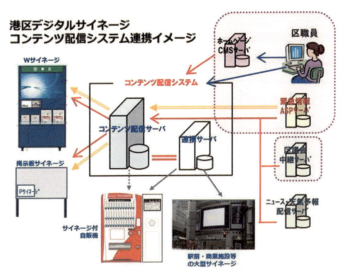

図 1-1-6-1　港区のデジタルサイネージシステムの概要図
（東京都港区資料より）

図 1-1-6-2　東京都港区のデジタルサイネージ（港区役所ロビー）

【港区デジタルサイネージの特長】

　港区デジタルサイネージコンテンツ配信システムは、平常時および災害時に、効果的・効率的に区政情報を発信することを目的としている。

　主な特長は、以下のとおりである。

・港区ホームページや防災情報メール、区議会中継サービス等、既存の複数の情報発信システムと連携している。これにより、平常時はもちろん、災害時における情報発信の省力化を実現した。

・電力供給がストップした状況でも、情報発信できるよう、超省電力型の「電子ペーパーサイネージ」も併用している。

・計画当初より民間事業者との連携・協力による効率的で効果的な情報発信を目指している。今後は実現のために、すでに区内の駅前や商業施設に大型サイネージ等を設置している事業者との連携・協力を視野に、港区と事業者の双方が、効率的に情報を発信・受信できる環境を整備した。

【将来構想】

　今後は、2020年東京オリンピック・パラリンピックや災害時の情報発信力強化のため、さまざまな事業者に、本事業および本システムへの接続依頼を行っていく計画である。例えばコカ・コーライーストジャパン㈱からの連携協力の提案を受け、飲料自販機に電子ペーパーディスプレーを組み合わせ、平常時だけでなく、災害時にも大変効果のある、情報発信環境を整備できている。

図 1-1-6-3　自動販売機横の空き缶入れに搭載された
　　　　　　電子ペーパーサイネージ

図 1-1-6-4　電子ペーパー部分の拡大

1-1-7「FLOWERS BY NAKED」
〜空間を創造するプロジェクションマッピング〜

　空間にデジタルコンテンツを発信するという視点で、本書ではプロジェクションマッピングもまたデジタルサイネージの1つとして取り上げる。

　「FLOWERS BY NAKED」は2016年頭に日本橋三井ホールで開催された有料のアートイベント。そのなかでプロジェクションマッピングは、空間演出の中核を果たしている。

　実物の花や、花をモチーフにしたアート作品で彩られた会場では、自分の影に連動して花が伸びていく、たんぽぽに息を吹きかけると100万本の綿毛が舞い上がる、いけばなを映像と光が彩る、桜の花びらが舞い上がるなど、プロジェクションマッピングによる多種多様な演出が行われた。

図1-1-7-1, 2　「FLOWERS BY NAKED」

　このイベントを企画したクリエイティブ集団NAKED Inc. のゼネラル・マネージャーである大屋友紀雄氏は、「空間そのものをあらゆる手段を使って活性化する、その手段の1つが、プロジェク

ションマッピング」という。

「FLOWERS BY NAKED」は入場料収入をベースとした収益事業モデルであり、NAKED Inc.を中心に、数社が加わった製作委員会方式で事業運営された。このイベントは高い評判を呼び、約8万人の来場者が足を運んだ。同イベントは、2016年以降も引き続き開催地を変え、各所で開催される予定である。

日本でのプロジェクションマッピングのメジャー化は、2012年のJR東京駅「TOKYO HIKARI VISION」の頃からと思われるが、この「TOKYO HIKARI VISION」もNAKED Inc.の手によるもので、他にも「新江ノ島水族館 ナイトアクアリウム」、高層ビルの展望ガラスを使った「CITY LIGHT FANTASIA by NAKED」、川崎市が後援した「auスマートパス Presents "進撃の巨人" プロジェクションマッピング ATTACK ON THE REAL」などを手掛けている。

図 1-1-7-3 「TOKYO HIKARI VISION」

図 1-1-7-4 「新江ノ島水族館 ナイトアクアリウム」

資料提供：NAKED Inc.

1-2 利用目的分類

1-2-1 デジタルサイネージの利用目的

デジタルサイネージは、表示する情報種別とそれを届ける相手によって、大きく4つに分類される。

①広告
②販売促進
③情報提供
④エンターテインメント

以下、それぞれについて述べていく。

1-2-2 目的別概要

①広告

TVCMを中心とした広告の配信を行い、広告主からの広告費を収入とする、収益事業としてのデジタルサイネージ。
電車内のドア上ディスプレーや駅通路の柱巻き、ビルの外壁の大型LEDビジョンに代表され、設置主体も鉄道事業者やビル事業者が中心（前項1-1-1, 2, 3を参照）。

評価指標は「広告効果」になるため、立地、サーキュレーション（通行量）、サイズ、視認性、周辺環境、引き合い（人気度）などの相関により広告費が設定される。

②販売促進

商業施設内で、施設の活性化・販売促進を目的として、セール情報や個店の紹介をするデジタルサイネージ。設置主体は商業施設事業者。

縦型と横型／壁設置と天吊りなど、サイズや設置方法は多様。店頭設置型の小型のクーポン発券機もこの中に含まれる。

近年は CMS（コンテンツマネジメントシステム／ブラウザーなどを利用した簡易型コンテンツ更新システム）を導入して、管理事務所や個店が自らコンテンツ更新できるシステムを組むものが増えている。

③情報提供

地図や時刻表、公共のお知らせなどを掲示する、公共要素の強い情報表示サイネージ。公共／準公共スペースに、行政や鉄道事業者が設置する。

緊急災害情報を差し込む仕組みの整備が社会課題となっており、また、2020 年に向けて"おもてなしサイネージ"的要素も含んで、行政主導での設置計画も進む。

なお、これら①～③においては、目的の主従はあれど、別目的のコンテンツも挟み込む事例が多い。

④エンターテインメント

接触した人が楽しめるような、アートや音楽などのエンターテインメントコンテンツを配信するデジタルサイネージ。不特定多数が行き交う場所ではなく、その目的のために集合する場所でのコンテンツ配信が主。現在はまだ事例が少ないが、有料のアートイベントでのプロジェクションマッピングなど徐々に成功例が出始めている（前項 1-1-7 参照）。

2020 年に向けたパブリックビューイングでの活用なども想定され、課金収入モデルなど今後の可能性を持ったジャンルの 1 つである。

	①広告	②販売促進	③情報提供	④エンターテインメント
設置場所	駅、ビル外壁など	商業施設館内	公共／準公共スペース	イベント会場など
主体	鉄道事業者 ビル事業者	商業施設	行政など	コンテンツ事業者
事業モデル	広告費による 収益ビジネス	自社販促費用 （経費）	公共支出	課金による 収益ビジネスなど
市場	確立している	多様に拡大の傾向	設置数が増加傾向	今後のモデル発展 に期待
評価指標	事業収入	測定していないケース がほとんど（定性的）	不明	話題性、事業収入

図 1-2-2　目的別分類一覧

　デジタルサイネージによって事業収益を上げていくことを考える場合、現時点では、①の広告メディア化が最も一般的である。しかしながら、このモデルは、サイネージを設置しただけで自律的に収益モデルが回ることはなく、広告主（もしくは広告会社）の認知獲得、継続的な広告枠セールス活動、受注後の入稿管理、配信終了後の配信証明などのアフターケアといった、専門性をもった付帯業務が必要とされる。このため事業主体は広告主との間に、窓口機能を持ったメディアレップや、セールスを代理する広告会社を立てるケースがほとんどである。この場合、彼らへのコミッションを支払った上で事業収益が上がるような事業計画を立てる必要がある。また、これ以外にもネット広告の仕組みを使った新たな取り組みが始まっているが、これに関しては 3-2-7「AD プラットフォーム」で取り上げていく。

1-3 ビジネスモデル

　テレビやラジオ、新聞や雑誌、Web などの媒体のビジネスモデルは広告モデルであり、基本構造は同じである。これに対してデジタルサイネージは、ロケーションごとにビジネスモデルや設置目的が大きく異なっていることが特徴である。

1-3-1 デジタルサイネージのビジネスモデル

　デジタルサイネージは、本質を突き詰めるとメディアオーナーのビジネスである。メディアオーナーのロケーション所有の有無、システム構築や運用者の違いや組み合わせパターンが複数あるために複雑になっているが、あくまでもビジネスオーナーはメディアオーナーである。

　そしてメディアオーナーのビジネスは、大きく 2 つに分けられる。1 つは企業へのマーケティングツールの提供であり、もう 1 つはロケーション価値の向上である。

・企業へのマーケティングツールの提供
　→広告媒体
　→販売促進ツール
メディアオーナーが投資を行い、企業がマーケティングツールとして利用する。

・ロケーション価値や利便性の向上
　→情報提供（鉄道運行情報、館内案内など）
　→エンターテインメント（プロジェクションマッピングなど）
ロケーションオーナーが投資を行い、自らのロケーションの価値を向上させる。

最初にこのことを踏まえながら、デジタルサイネージの全体像を理解するために、以下では広告モデルのデジタルサイネージを例として解説を進める。

1-3-2 広告用途のデジタルサイネージのステークホルダー

デジタルサイネージのビジネスには、多くの人や企業が関わっている。以下に、広告用途のサイネージにおけるステークホルダーを挙げ、それぞれの基本的な役割や機能をまとめる。なお、各ステークホルダーの項目ではそれぞれの単機能を記載しているが、実際にはこれら複数機能を併せ持ったり、グループ企業で実施することも多い。はじめに主要なステークホルダー間の構造を図 1-3-2 に示す。

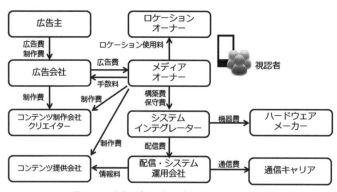

図 1-3-2　広告用途サイネージでのステークホルダー

視認者

視認者は、デジタルサイネージに表示されるさまざまな情報とともに、広告を視認することにより購買行動を起こす。サイネージの接触態度は、他の媒体と比較すると自発的ではないことも多い。これは決して否定的なことではない。能動的であると興味関

心のないものが排除されがちであるが、デジタルサイネージは「偶然の出会い」や「強制視認性」という、他媒体がカバーしにくいメディア接触環境を持つことも重要な特徴であると言える。

広告主

　広告主は、メディアオーナーへ広告料を支払い、広告を出稿する。多くの場合、広告会社が介在する。広告料はサイネージが設置されている場所における視認者数（通行者数）と視認率、人気度や契約期間などによって設定される。

広告会社

　広告会社は、広告主が商品広告やブランディングのためにデジタルサイネージに広告を出稿する場合に、適切なサイネージ媒体を選定し、広告販売を仲介して手数料を受け取る。必要に応じて、広告会社は広告の制作も行う。

メディアオーナー

　メディアオーナーは媒体社とも呼ばれ、デジタルサイネージビジネスにおける中核となるプレーヤーである。その業務は多岐にわたるが、主なものは以下のとおりである。

- 設置ロケーションを確保する
- システムの構築と運用を行う
- 必要に応じて天気予報やニュースなどのコンテンツを調達する
- 広告の販売を、直接または広告会社を介して実施する

これら業務の全て、もしくは一部を他の事業者に委託する場合も多い。

ロケーションオーナー

　ロケーションオーナーは、自らが所有する施設のエントランス、フロア、壁面など、デジタルサイネージの設置に適した場所をメディアオーナーに提供してその使用料を受け取る。

配信・システム運用会社

　配信・システム運用会社は、デジタルサイネージのコンテンツ配信とシステムの運用をメディアオーナーから受託する。配信のためのサーバーは独自に構築する（オンプレミス）こともあるが、現在ではクラウド上に置かれることも多い。配信会社がシステムインテグレーターのようにシステム構築も行う場合が多いが、単に運用業務だけを受託するケースもある。

システムインテグレーター

　システムインテグレーターは、デジタルサイネージシステムを構築し、システム構築や保守の費用をメディアオーナーから受け取る。前項のように配信会社機能を併せ持つことも多い。

ハードウェアメーカー

　ハードウェアメーカーは、CMS、配信サーバー、通信機器、プレーヤー、ディスプレーなどの機材を開発、製造、販売する。

通信キャリア

　通信キャリアは、インターネットに接続するための通信回線を提供する。

クリエイター

　クリエイターは、広告主からの依頼にもとづいて広告コンテン

ツを制作する。またメディアオーナーからの依頼にもとづいてエンターテインメント用途などのさまざまなコンテンツを制作する。

コンテンツ提供会社

　コンテンツ提供会社は、ニュースや天気予報、占いのような視認者が関心を持つコンテンツを提供し、メディアオーナーから情報料を受け取る。

1-3-3 ロケーションの調達方法

　ロケーションの調達方法は下記のように4つに分類される。
（タイプ1）　メディアオーナーとロケーションオーナーが同一または企業グループである
（タイプ2）　メディアオーナーがロケーションオーナーと提携する
（タイプ3）　メディアオーナーがロケーションオーナーからロケーションを調達する
（タイプ4）　ロケーションオーナーがメディアオーナーに運営を委託する

　これら4つのタイプについて簡単に説明する。

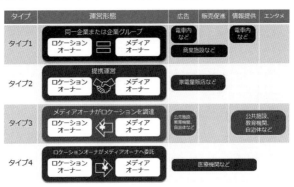

図 1-3-3　ロケーションに着目した4つの運営形態

(1) メディアオーナーとロケーションオーナーが同一企業グループ

このタイプのデジタルサイネージでは、設置ロケーションを同じ企業もしくはグループ内の企業が提供しており、収益の分配が企業グループ内で実施されている。鉄道事業者や空港、大型商業施設にこのタイプが多く、導入規模が大きい。これらはもともと看板広告のビジネスが成立していたところに、デジタル化によってさらに売上と収益を拡大させたものである。日本で最も成功したデジタルサイネージビジネスのひとつだと考えられるが、いくつかの条件が重なった事例であるので、他のケースでこのままのモデルが応用できるかどうかに関しては、十二分な精査を必要とする。

(2) メディアオーナーがロケーションオーナーと提携

このタイプのデジタルサイネージは、ロケーションオーナーとメディアオーナーが共同運営していることが多い。収益は共同運営する企業が分配する。家電量販店のテレビ売り場のデジタルサイネージがこれに該当する。広告出稿は店舗への商品納入メーカーに依存するものが多数を占めているが、家電量販店では、取扱品目も多く、商品の入れ替えも頻繁であるため、広告主の種類も増加している。

(3) メディアオーナーがロケーションオーナーからロケーションを調達

このタイプのデジタルサイネージでは、メディアオーナーがロケーションオーナーから設置場所を借り受けることで調達をしている。調達にあたっては通常、ロケーションの使用料が発生する。ロケーションオーナーはサイネージビジネスには直接関与せず、あくまでも場を提供するのみである。このケースでは、メディア

オーナーがロケーションをどのようにして調達するかが経営の鍵となる。事例としては自動車教習所、大学、地方自治体などである。ロケーションの性質上、視認者のセグメントが絞り込まれているため、媒体として評価されることが多い。

(4) ロケーションオーナーがメディアオーナーに運営を委託

　このタイプのデジタルサイネージは、ロケーションオーナーがメディアオーナーからメディアを購入するという、前項のタイプとは正反対のモデルである。メディアオーナーはコストを負担することはなくロケーションを調達できることになる。また、システムや運営費用もロケーションオーナーが負担する。

　医療機関において展開されている待合室デジタルサイネージなどがこのタイプに当てはまる。この事例では、患者に対して医療に関する知識や情報を提供することで、ロケーションオーナーである医療機関の価値を伝えることになり、それが結果的に医療機関の経営上、メリットをもたらす。それに対してロケーションオーナーは費用負担をする。またロケーションと視認者の属性が明確にセグメントされているので、広告モデルも併用できている。

1-4 システムモデル

本節では、デジタルサイネージの基本的なシステム構成を示し、どのようなハードウェアやソフトウェアで構成されているかを記述するとともに、それぞれの機能の概要を述べる。

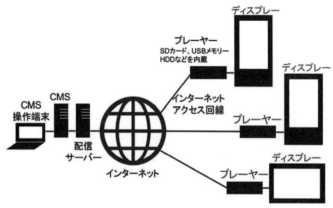

図 1-4-1　デジタルサイネージのシステム基本構成

1-4-1 システム構成の概要

ネットワークに接続したデジタルサイネージのシステム基本構成を図 1-4-1 に示す。インターネットを介して配信サーバーとプレーヤーが接続している。配信の方式は YouTube のようなストリーミングではなく、プレーヤーに内蔵された SD カードなどの記録媒体に、あらかじめコンテンツを配信する蓄積型方式が多い。蓄積型の場合には、再生内容を規定するプレーリストファイルを別途配信することで、表示する内容を制御する。この方式はコンテンツの種類や更新頻度が高くないために、ストリーミングのようにインターネットに常時接続をする必要がなく、通信コストを抑えられるメリットがある。

1-4-2 CMS（Content Management System）

　CMS はコンテンツマネジメントシステムの略で、専門的な知識がなくても、デジタルサイネージのコンテンツを比較的簡単に管理・更新できるシステム（ソフトウェア）のことである。概念としての CMS には、概ね次のような機能を含むが、個々の CMS の仕様によって搭載される機能は異なる。

(1) 素材管理
　　動画や静止画などの素材ファイルを登録して管理する。
(2) スケジューリング
　　どの素材を、どういった順序で表示するかを指定する。
(3) 配信管理
　　端末ごとの配信内容を指定し、必要なファイルを配信する。
(4) 端末監視
　　端末やディスプレーの状態を遠隔で監視や制御を行う。
(5) ログの記録
　　広告主や著作権者への掲出報告書類などを発行するためのログを取得する。

　CMS において、デジタルサイネージの表示スケジュールは、「プレーリスト」と「ロール」と呼ばれる 2 階層のブロックで定義されることが多い。
（図 1-4-2 参照）
　プレーリストとは、一日の表示スケジュール全体のリストである。多くの場合、プレーリストの項目数、つまり動画や静止画の再生総数は非常に多くなる。しかし一般的なデジタルサイネージにおいては、テレビ番組のように、常にユニークなコンテンツが表示されることはなく、同じコンテンツが繰り返し表示されるこ

とが多い。例えばJR山手線のトレインチャンネルでは、1ロールが20分程度で、それが適宜更新されながら繰り返し表示されている。そのため1日のプレーリストは、複数の「ロール」と呼ばれるコンテンツの集合体から構成されていて、同じロールが何回か繰り返される。それぞれのロールの内容は、動画や静止画の再生順序のファイル単位でのリストである。こうしたプレーリストとロールは、一日の表示時間、ユニークなコンテンツ数、繰り返し回数など、コンテンツの再生内容に応じて、作業効率を踏まえて作成、運用される。

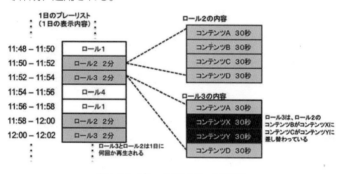

図1-4-2　プレーリストとロールの関係

1-4-3 配信サーバー

前述したように、蓄積型のシステムにおいては、配信サーバーに登録されたコンテンツ群の中から、今後表示する予定があるコンテンツデータおよびそのプレーリストが事前に配信される。配信数やコンテンツ数が多い場合は、通信帯域、データ量、配信に許される時間などの制約を考慮して、表示開始前までに各プレーヤーに配信が完了されなければならない。

ストリーミング型のシステムにおいては、プレーリストデータのみ、事前にプレーヤーに配信される。プレーヤーはスケジュー

ルに基づいて、配信サーバーに対してコンテンツの配信をリクエストし、そのレスポンスとしてストリーミング配信されたコンテンツが表示される。配信数やコンテンツ数が多い場合は、ネットワーク上またはプレーヤー内部にキャッシュサーバーを設置するなど、配信パフォーマンスを高める配慮が必要である。

1-4-4 通信回線

デジタルサイネージの配信サーバーとプレーヤーは異なる場所に設置される場合が多い。データセンターやクラウド上の配信サーバーからコンテンツを配信するために、インターネットへのアクセス回線を用意する。このアクセス回線には光ファイバーなどのブロードバンド環境を利用することが望ましいが、モバイルルーターを利用することもある。

またサイネージ設置場所のエリア内においては、有線またはWi-FiなどのLAN（ローカルエリアネットワーク）を利用する。実際の現場では、有線のLANケーブルを敷設することが困難であるケースがある。この場合はWi-Fiを利用することになるが、接続安定性の確保が課題となる。

使用する通信プロトコルはTCP/IPが基本であり、接続時には認証機能を持つ必要がある。昨今のサイバーセキュリティー事情を考えると、ファイアウォールや、暗号化技術を用いた、IPパケット単位でデータの改ざん防止や秘匿機能を提供するプロトコルである「IPSec」を実装したルーターなどを使用することが求められる。

1-4-5 プレーヤー

プレーヤーは、CMSによって規定されたプレーリストに従ってコンテンツを再生する装置である。PCを利用する場合もある

が、小型の映像再生専用のSTB（セットトップボックス）や、超小型で安価なコンピューターである「Raspberry Pi（ラズベリーパイ）」を利用する事例も登場している。ディスプレーとの接続はHDMIが主流であるが、設置環境や距離によっては、映像の伝送にWi-Fi技術を利用したワイヤレス接続を行う場合もある。

1-4-6 ディスプレー

言うまでもなく、ディスプレーはコンテンツを表示するための装置である。現在のデジタルサイネージでは、液晶のようなフラットパネルディスプレーを利用することが多い。ディスプレーの大きさ、解像度、輝度は視認率に影響するので、設置場所における視認状況に適したものを選択する。デジタルサイネージでは、駅や商業施設の柱にディスプレーを縦向きに設置することも多い。

大きさは、電子POPの7インチほどの小型のものから、50インチ前後の中型のもの、100インチを超える大型のものまで幅広い。またベゼルの狭い中型のディスプレーを複数組み合わせて、1画面として表示するマルチディスプレーの事例も多い。

縦横比は2007年頃までは4：3が主流であったが、地上波デジタル放送のHD化に伴って16：9に移行した。同時に解像度もSD（Standard Definition：720 x 480 ピクセル）から、HD（High Definition：1280 x 720 ピクセル）へと高解像度化した。一部のサイネージの解像度はFull HD（1920 x 1080 ピクセル）である。最近ではより高解像度である4K（3840 x 2160 ピクセル）に対応した「4Kサイネージ」も徐々に導入されつつあり、さらにその先には、4Kの4倍の解像度である8K（7680 x 4320 ピクセル）による「8Kサイネージ」への取り組みも始まっている。

ディスプレーの輝度は非常に重要である。屋内に設置する場合は400cd/m^{2}以上、日陰程度であれば700cd/m^{2}以上、屋外であれ

ば 1500cd/m^2 以上の輝度が必要になる。ディスプレーに直射日光が当たる場合は、画面の温度上昇を抑えるために、赤外線防止フィルムを貼るなどの対策も必要になる。コスト削減のために家庭用のテレビを使用することがあるが、テレビの一般的な輝度である 200cd/m^2 では見えづらく、また連続使用を前提としていない場合があるので注意が必要である。

　また、後述するインタラクティブサイネージを構築するためには、タッチパネルディスプレーが必要になる。タッチ操作を実現するには、静電容量式、赤外線式など複数の技術方式があり、利用シーンや予算に合わせた選択を行う。

1-5 法規制

　デジタルサイネージには、その設置にあたって順守しなければならない種々の法規制や地域ルールが存在する。これらを理解することは重要であり、本節ではそれらについて簡潔に説明を行う。（2016年4月現在）
※ただし法規制、地域ルールなどは詳細かつ入り組んでおり、全てを解き明かすことはここではできない。以下はあくまでもガイドラインと捉え、実際の計画にあたっては詳細を確認の上で所轄行政と相談されることをお勧めする。

1-5-1 屋外広告物条例、景観条例

　デジタルサイネージは、他の屋外広告物同様に、屋外広告物法のもとで各都道府県の屋外広告物条例によって規制される。この"屋外広告物"とは、「常時又は一定の期間継続して、屋外で、公衆に表示されるものであって、看板、立看板、はり紙及びはり札並びに広告塔、広告板、建物その他の工作物等に掲出され、又は表示されたもの並びにこれらに類するもの」をいう。よって広告主のTVCMが流れる屋外ビジョンのようなものだけでなく、そのビルの看板や広告であっても、一定の条件を超えるものにはこの条例が適用されることになる。

　各都道府県単位の条例であるが、実際の申請先は市・区など各自治体の指定する窓口になり、その承認を得ることによって広告物としてのデジタルサイネージの設置が可能となる。

　以下、東京都の「東京都屋外広告物条例」を例にして、実際の規制内容の一部を紹介する。

まず最初に場所の話である。広告を出してはいけない場所と、申請をすることにより許可される場所がある。

- 広告を出してはいけない場所は、禁止区域・禁止物件といい、第1種・第2種低層住居専用区域、第1種・第2種中高層住居専用区域、特別緑地保全区域などは禁止区域、街路樹やガードレールなどは禁止物件にあたる（その他にも多数の地域・場所・物件の例がある）。
- 広告を出していい場所は、「都内の特別区、市及び町の区域」「自然公園法で指定された国立公園・国定公園及び自然公園」「景観計画の区域のうち、知事の指定する区域」の範囲内で、禁止区域以外の区域になる。これら区域で、申請をして許可されたものが設置可能となる。

また、これらにかかわらずビル名、店舗名などの自家用広告物で小型なものなど、許可のいらない広告物もある。

次に設置場所や大きさの話である。屋外ビジョンの場合は、ビルの壁面に設置することが主であるが、そのように壁面を利用するものには、下記のような規制がある。

（例：商業地域の場合の例）
- 52m以下の高さ
- 壁面の外郭線から突出しない
- 窓又は開口部を塞がない
- 1面辺り100㎡以下。かつ面積の合計が壁面面積の10分の3以下
- 同じ内容の広告物を表示する場合は、間隔を5m以上離す

これらは、第1種住居地域、第2種住居地域、準住居では高さ制限が33m以下、1面辺り50㎡以下になるなど、細かく変わってくる。

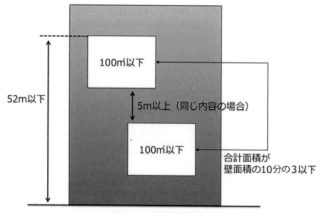

図1-5-1　設置場所・面積の規制例（商業地域の場合）

　これは壁面設置の場合の例であるが、同様にビル壁面から突出する袖看板や、ビル屋上に設置されるものなど、それぞれに規制がある。また、道路に関する規制は、都市高速道路沿道の規制と高速自動車国道沿道の規制がそれぞれある。

　加えて、東京都では景観計画に基づく規制として、特に良好な景観形成を進める地区を景観形成特別地区として指定し、上記条例に加えて当該区域独自の基準を定めている。該当は以下のとおり。
・文化財庭園等景観形成特別地区
・水辺景観形成特別地区
・墨田区景観計画に基づく規制
・品川区景観計画重点地区に基づく規制

　その他、特定の広告物等には、屋外広告物管理者の設置が義務付けられている。

　これら規制の詳細については、東京都のWebサイトを参照さ

れたい。また都では小冊子「屋外広告物のしおり」を作り配布しており、Webサイトでも閲覧可能となっている。

http://www.toshiseibi.metro.tokyo.jp/kenchiku/koukoku/

これ以外にも、下記のような法律／条例／指針／通達がある。
・国の計画（都市再生特別措置法など）
・都の計画（東京都都市づくりビジョン、東京都景観計画、大規模建築物等景観形成指針など）
・所轄の区の独自指針や計画
・都市計画法
・建築基準法
・警視庁屋外広告物取扱要綱
・道路法に基づく道路占用の許可

なお、ショッピングセンター館内など自社建物内のデジタルサイネージは、公開空地以外は原則対象とはならない。

1-5-2 その他の規制

広告物設置について、条例や法規制以外にも、街が独自の指針を設けている場合がある。

一例として銀座では、2004年に「銀座街づくり会議」が設立され、2006年にそこから銀座デザイン協議会が発足して街の景観形成のルールを作っている。そこでは、銀座の街並みに対し、デジタルサイネージを使ってヒューマンスケールを超える大きさの動画を表示することは避けるよう求められている。また、コンテンツ制作にあたっても、新規コンテンツごとに必ず、銀座デザイン協議会との協議をするよう求めている*

* 銀座街づくり会議 銀座デザイン協議会 Web より。
　http://www.ginza-machidukuri.jp/

このような地域事業者や地権者、地元の人たちが集まり自主的に街づくりを行う活動を「エリアマネジメント」と呼ぶが、このエリアマネジメントによって規制緩和を目指す試みも進んでいる。エリアマネジメントの管理のもとでパブリックスペースに広告設置し、その収益で街の景観維持を行っていくものである。代表的なものとして、下記のようなものがある。

・大手町・丸の内・有楽町「一般社団法人大手町・丸の内・有楽町地区まちづくり協議会」
・博多「We Love 天神協議会」
・名古屋「名古屋駅地区街づくり協議会」
・梅田「梅田地区エリアマネジメント実践連絡会」
・渋谷「渋谷駅前エリアマネジメント協議会」

　以上が基本となる法規制、地域ルールである。
　今後 2020 年に向けた法改正や国家戦略特区などの新しい取り組みによって、諸条項も変わってくる可能性がある。都度確認が必要である。

1-5-3 コンテンツ権利処理

(1) 著作権

　デジタルサイネージに関連する著作権を分類すると、ネットワークにつながないスタンドアロン型と、放送／ネット配信型に大別され、それぞれ関連する財産権・著作者隣接権が異なる。スタンドアロン型は、複製権・上映権に抵触しないように権利処理する必要があり、放送／ネット配信型は、公衆送信権、放送権、商業用レコード二次使用などの権利処理が必要である。

分類	関係する著作権	補足
スタンドアロン型	複製権、上映権	著作者の財産権
放送/ネット配信型	公衆送信権、公衆伝達権	著作者の財産権
	放送権、有線放送権	実演家の著作隣接権
	再放送権、再有線放送権、テレビジョン放送の伝達権、有線テレビジョン放送の伝達権	放送事業者の著作隣接権
	商業用レコードの二次使用料を受ける権利	レコード製作者の著作隣接権

図 1-5-3-1　デジタルサイネージに関連する著作権

　実際の手続きについては、デジタルサイネージで事業者がサービスを行うことは少なく、コンテンツを作成する制作会社や広告会社と、権利者やJASRAC等の著作権管理団体の間で処理をされていることが多い。

(2) コンテンツに使用されるキャラクターの権利処理

　キャラクターを利用する場合、キャラクターの著作権者と広告主のタイアップのように、使用権を広告主に対する契約処理に含める場合が多く、デジタルサイネージで使用するコンテンツのクリエイターや配信会社が権利処理に関わることは少ない。

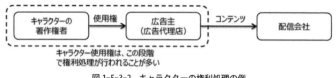

図1-5-3-2 キャラクターの権利処理の例

(3) コンテンツに使用される楽曲の権利処理

　デジタルサイネージで楽曲を使用し、権利処理手続きを著作権管理団体の1つであるJASRACを通じて行う場合、いくつかの算出方法（放送回数に応じた使用料あるいは公表された放映料の5%）に従って使用料を支払い、楽曲の使用許諾を受ける。使用料および手続きについては、Webサイトから確認できる。

　　　　　参照：http://www.jasrac.or.jp/info/event/digital.html

(4) その他の権利処理

　上記の他、人物や店舗などが映り込んでいる場合などには、肖像権・商標権などにも配慮が必要である。

参照：
文化庁：著作権制度の概要
http://www.bunka.go.jp/seisaku/chosakuken/seidokaisetsu/gaiyo/
特許庁：商標
https://www.jpo.go.jp/seido/shohyo/index.html
公益社団法人著作権情報センター：著作権データベース
http://www.cric.or.jp/db/domestic/index.html

2. デジタルサイネージの実践

　この章ではデジタルサイネージのビジネスやシステムを作り上げていくためのロケーションや利用目的ごとの推進手順を説明するとともに、ユーザーインターフェイスやデジタルサイネージに関連するビジネスの取り組みについて触れる。

2-1 ロケーションと事業主体

　デジタルサイネージのビジネススキームを理解することはビジネスを成功させるために非常に大切である。デジタルサイネージのビジネススキームは設置ロケーションごとに異なっており、他のデジタルメディアよりも複雑である。本節ではいくつかのロケーションを取り上げ、それぞれのビジネススキームを説明する。

2-1-1 商業施設

　商業施設におけるデジタルサイネージは、ショッピングモールなどに大規模に展開しているものと、個店を含めた店頭や店内に設置されている比較的小規模なものに分類される。

(1) ショッピングモール

　ショッピングモールにおけるデジタルサイネージのロケーションオーナーは、大規模小売事業者や不動産デベロッパーである。メディアオーナーはモールの販売促進や広報の担当者がその役割を担っている。サイネージの利用目的は、モール全体の販売促進やイベント告知と、インタラクティブな館内案内などである。また一部の大規模商業施設では、広告媒体に特化した事例を全国展開している。

- ロケーションオーナー：大規模小売事業者、不動産デベロッパー
- メディアオーナー：モールの販売促進や広報の担当者
- 運営原資：モールの共通販売促進費
- 目的：販売促進、広告、情報提供
- コンテンツ：販売促進、イベント告知、館内案内など

(2) 小規模店舗

　店頭や店舗内にサイネージを設置する場合、商店主もしくは店舗を運営する企業がロケーションオーナーとメディアオーナーを兼ねることが多い。飲食店の店頭や、アパレルショップの店内に設置されている場合が該当する。店舗がショッピングモールにある場合には、設置についてショッピングモールの同意が必要になる場合もある。ショッピングモール以外の場所であっても、導入の検討段階で不動産管理会社などへの確認が必要である。

　アパレルブランドでは、大きめのディスプレーでブランドイメージを高めるコンテンツを表示している。店内では比較的小型のサイネージやタブレットで、商品紹介などのコンテンツを表示することが多い。また最近では顧客とのコミュニケーションの延長線上で、インスタグラムなどのSNSを利用する例も増えてきている。また飲食店では、タブレットを利用したメニューや注文端末を導入してコストを削減している例もある。

- ロケーションオーナー：商店主、店舗運営企業
- メディアオーナー：商店主、店舗運営企業
- 運営原資：販売促進費
- 目的：販売促進、コスト削減
- コンテンツ：販売促進、ブランディング、SNS、デジタルメニューなど

2-1-2 交通機関

　交通機関の車内は交通事業者のものであるが、乗降施設は鉄道駅のように基本的に専有されている場合と、空港のように複数の事業者により共有の場合がある。バスや船舶のターミナルは専有と共有の両方が存在する。

(1) 鉄道

　鉄道広告はデジタルサイネージ導入以前から中づりや駅ばりポスターのような広告ビジネスが確立されており、デジタルサイネージはこれらをデジタル化したものと言える。また、鉄道事業者自らが情報提供のためにサイネージを設置する事例も多い。ロケーションオーナーは鉄道事業者で、メディアオーナーは鉄道事業者またはその関連会社である。

- ロケーションオーナー：鉄道事業者
- メディアオーナー：鉄道事業者または関連会社
- 運営原資：広告収入
- 目的：広告、情報提供
- コンテンツ：広告、運行情報、時刻表、乗場案内、観光案内など

　鉄道におけるデジタルサイネージの詳細に関しては1-1-1　トレインチャンネル、1-1-2　J・ADビジョン、3-4-4　ルートファインダー、3-4-5　4Kナビタ、を参照されたい。

(2) 空港

　空港は空港会社が所有運営しており、航空会社はユーザーという立場である。航空機内では航空会社が自社の販売促進、ニュース、エンターテインメントと、機内安全ビデオなどを提供している。空港施設では航空会社がフライト情報や発着ゲート案内を、また空港会社が広告と空港施設案内などをサイネージで表示している。空港施設の広告サイネージは、広告会社に一括で販売委託されることが多い。

- ロケーションオーナー：航空会社、空港会社
- メディアオーナー：航空会社、空港会社または広告会社
- 運営原資：航空会社の管理費、空港会社の管理費、広告収入

- 目的：広告、情報提供
- コンテンツ：フライト情報、広告など

(3) バス

　バスも飛行機と同様に、バス車内とバス停やバスターミナルなどのロケーションがある。バス車内のロケーションオーナーはバス会社であり、メディアオーナーはバス会社またはサイネージ媒体事業者であることが多い。車内サイネージにおけるメインのコンテンツはバス停の案内で、広告やニュース、天気予報なども提供される。バスターミナルは専有と共有があるためにロケーションオーナーはバス会社あるいはバスターミナル会社で、発着案内や広告が表示される。また、バス停に設置されたサイネージでは接近情報をバス会社が提供している例がある。

- ロケーションオーナー：バス会社、バスターミナル会社
- メディアオーナー：バス会社、バスターミナル会社、媒体事業者
- 運営原資：バス会社・バスターミナル会社の管理費、広告収入
- 目的：情報提供、広告
- コンテンツ：バス停案内、広告、情報提供、エンターテインメントなど

2-1-3 自治体・公共施設

　自治体や公共施設のサイネージのロケーションオーナーは、自治体や公共施設そのものである。自治体が独自にディスプレイを設置して運営する。コンテンツは催事の案内、行政や議会の報告、自治体としての取り組みの紹介のほか、庁内の各窓口や手続きの案内などである。

　最近増加しつつあるのは、民間の媒体事業者がロケーションを

借り受け、メディアオーナーとして媒体運営をする形態である。その場合は民間事業者が、周辺エリアの地図などを表示するサイネージを持ち込んで設置し、公共的な情報を提供するとともに、地域の広告媒体としても運営している。設置や運用に関わる費用は事業者が負担する代わりに、ロケーション使用料は発生しない。広告収入は事業者が受け取るか、自治体とシェアする場合もある。

- ロケーションオーナー：自治体や公共施設
- メディアオーナー：自治体や公共施設、民間の媒体事業者
- 運営原資：公費、広告収入
- 目的：自治体広報や地図などの情報提供、広告
- コンテンツ：催事案内、議会報告、政策説明、窓口案内、広告など

2-1-4 オフィス・住宅

（1）オフィス

オフィスにデジタルサイネージを設置する場合は、企業がメディアオーナーになる。受付や執務フロア、エレベーターホールなどに設置されている場合などが該当する。サイネージは企業自身のニーズで設置されるため、ロケーション費用は発生しないことが多い。ただし設置場所によってはビルオーナーや管理会社の同意や、ロケーション費用の支払いが必要になる場合もある。

オフィス内では50インチ程度のディスプレーを設置し、社内広報や事務手続きの案内などに利用する。こうした内容は、従来から社内広報誌や回覧、イントラネットやメールで行われてきたものであるが、本人の自発的な意思に依存しない社内コミュニケーションとしてデジタルサイネージは機能している。また社員教育の一環としてVOD（ビデオ・オンデマンド）で研修ビデオを視聴できるようにしている例もある。

- ロケーションオーナー：企業
- メディアオーナー：企業の広報系部門
- 運営原資：一般管理費
- 目的：社内広報、社員への迅速な社内情報の伝達
- コンテンツ：社内広報、事務手続き案内、新製品紹介、社員教育

(2) 住宅

　住宅にデジタルサイネージを設置する場合、住宅オーナー自身もしくは、集合住宅の管理組合や管理会社がメディアオーナーになる。リビングに置かれたタブレットや、インターフォンとともに設置された小型のディスプレーが該当する。コンテンツとしては、子供が通学する学校からの事務連絡、マンション管理組合や管理会社からのお知らせ、防犯への注意喚起や、交通安全マナーなどのコンテンツが表示される。近隣の商業施設からの特売情報が表示される例もある。他のサイネージとは異なり、配信されたコンテンツをいつでも閲覧、保存、消去することができる。

　居室以外では、集合住宅のエントランスに従来からの掲示板の代用として設置されることもある。

- ロケーションオーナー：住宅オーナーまたは管理会社・管理組合
- メディアオーナー：マンション管理会社、マンション向けインターネットサービスプロバイダーなど
- 運営原資：管理費
- 目的：商品情報提供、地域コミュニティーの維持、防犯
- コンテンツ：学校からの事務連絡、管理組合や管理会社・警察や行政からのお知らせ、近隣商業施設の特売情報など

2-2 実践的な推進手順

　デジタルサイネージを用途から分類すると、大きく「広告」、「販売促進」、「情報提供」、「エンターテインメント」の4つに分類できること、またロケーションや用途によってビジネスモデルが異なることについては、前述のとおりである。多くのプレーヤーがクリエーティブ、テクノロジー、消費者の行動心理、経営と業務の経験をデジタルサイネージに適用し、いろいろな試行錯誤が繰り返されている。

　本節ではデジタルサイネージを新たに導入するに際して、またサイネージビジネスを成功に近づけるために、事業者が具体的に留意すべき項目を挙げておきたい。

2-2-1 共通の留意点
(1) 導入目的・成果の設定

　新たにデジタルサイネージを設置・運用するにあたり、最初にサイネージで実現すべき目的・成果を明確に設定することは極めて重要である。サイネージは設置位置（ロケーション）の設定を前提としたツールであり、その目的によってロケーションや仕様、運営形態やビジネスモデルはある程度規定される。広告目的であれば「媒体価値の向上や収益の確保」、販売促進目的であれば「売上向上への貢献やコスト削減」等々、具体的な目的をイメージすることにより、設置後の効果検証や仕様変更、機能追加等の検討が容易になる。

　従来のサイネージビジネスの多くは設置位置やハード先行で導入される例が多いが、使われない機能やコンテンツを実装する等の過剰投資となったり、また期間経過後の評価もあいまいなため、運営経費や老朽取り替え予算の獲得が困難になるケースが多い。

またオペレーションを複雑にするあまりに、運用コストが収支を圧迫したりする例もある。目標は定量的・定性的にできるだけ具体的に設定するべきである。

> ■目的・成果の設定
> ○デジタルサイネージを何のために設置するのか？
> ○誰が、誰に、何を伝えるのか？
> ○どのような成果を期待するのか？
> ○その成果をどのように検証するのか？

(2) 必然性のチェック

デジタルサイネージの設置・運用コストは決して小さくない。多くのケースでは、効果実現のために必ずしもサイネージが必要でないことも多い。前述した目的・成果を実現するために、デジタルサイネージが最も適した手段であるか、他の手段を用いた方が効率的でないか等、その必然性を事前にチェックしておく必要がある。

またデジタルサイネージは万能なツールではない。Webやアプリ、サインやリーフレット等々、コミュニケーションツールは多様であり、他のツールと併用することにより、サイネージをより効果的に活用できるケースも多い。デジタルサイネージの持つ特性を意識すべきである。

> ■デジタルサイネージの必然性
> ○その目的の達成にはデジタルサイネージが不可欠か？
> ○その目的はデジタルサイネージだけで実現できるか？

> ■デジタルサイネージの得意分野・不得意分野
> ○一度に複数の利用者に伝達できる
> ○情報の更新が容易
> ×大量の情報伝達には向いていない
> ×多目的にするほど、ユーザーにわかりにくい

(3) ローコストオペレーション

　デジタルサイネージはサインや印刷物と異なり、一度設置してしまうと継続した運用が大前提となる。多彩なコンテンツの更新が容易にできることは大きなメリットであるが、その運用には人的負担やコストが不可欠である。ある程度のコンテンツ更新を日常的に行うことにより、サイネージは本来の効果を発揮し、注目を集めることができるが、予め日常の運用業務のボリュームを想定し、負担を軽減する仕組みを検討しておく必要がある。

　具体的には運用スタッフが操作しやすいユーザーインターフェイスの採用や入稿フォーマットの明確化、一画面に使用できる文字数やフォントを予め定めておくことが必要である。また、CMS（コンテンツマネジメントシステム）を構築して既存の Web サイトや SNS 等と連携し、コンテンツを共有化する「ワンソース・マルチユース」は有効な手法と言える。

　オペレーションコストで意外に見落としがちなのが、メンテナンス（保守）コストである。サイネージのハード的な稼動を維持するために、ロケーションによっては、温度・湿度・ほこりや振動等、留意すべき点は多い。設置ロケーションの環境特性を考慮して、できるだけメンテナンスの頻度を減らしコスト削減ができるような仕様を盛り込んでおくべきである。

> ■ローコストオペレーションの検討
> ○誰が運用するのか？　業務量は適正か？
> ○既存のコンテンツやシステムと連携できないか？
> ○保守の内容・コストは妥当か？

　以上、サイネージ設置・運用に際しての基本的な留意点として①目的・成果の設定、②必然性のチェック、③ローコストオペレーションの3点を挙げた。引き続き用途別の留意点を列挙する。

2-2-2 広告用途サイネージにおける留意点

(1) ロケーションの選定

　広告用途のサイネージにおいて最も重要なポイントはロケーションの選定である。屋外広告や交通広告でサイネージの導入が進んでいるが、これらはあくまでもロケーション自体の持つ価値をサイネージで媒体化し、商品化していることに留意すべきである。一般的には最も重要な広告媒体の価値は以下の要素であると言える。

> 接触人数 × 接触時間

　サイネージ広告は「多くの利用者が」、「一定時間以上」、サイネージに接触することにより成立する。なお上記以外の要素として、①画面の大きさ、②画面の向きや高さ、③目を惹く動きやクリエーティブ、④音声等もアテンションを高め、媒体価値を向上させる要素となり得るが、最初に条件を満たすロケーションの選定を充分に検討することが重要である。

　また駅構内や商業施設内通路のように利用者が移動するため接触時間が比較的に短いロケーションでは、複数面を並べて設置することも有効なフォーマットである。

(2) 基本的な仕様

 ロケーションに応じて設置のフォーマットと画面の向きを検討する必要がある。サイネージの代表的な設置方式としては、①自立、②壁掛け、③柱埋め込み、④天井吊り下げ等があり、ロケーションの条件に応じて設定するが、前述したとおり「視線や動線に正対して」、「一定の接触時間が確保」できるロケーションが望ましい。また画面の向きは省スペースを優先すれば縦向きとなるが、TVCM等とのメディアミックス活用が多く想定されれば横向きとなる。同一ロケーションにおける縦・横画面のサイネージ混在は、配信オペレーションが煩雑となり、またコンテンツ制作コストも増大するために、広告媒体としての画面の向きは統一すべきである。

(3) 投資（広告料金）の適正化

 広告用途サイネージの目的は「収益の確保」である。サイネージビジネスの収支構造と評価基準は比較的シンプルであると言える。

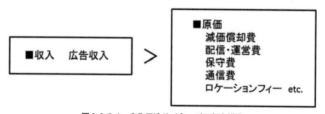

図2-2-2-1 広告用途サイネージの収支構造

 多くのサイネージで、一番大きいコスト要素は減価償却費である。特に業務用の液晶ディスプレーやSTB（セットトップボックス）等の機器は高価であり、電気工事や通信工事等の付帯費用も高額になることが多い。また通常これらの機器は耐用年数が5年程度であることが多いため、耐用年数以内の投資回収を行うため

には、広告の料金設定も高額になりがちである。

値ごろ感のある広告料金を設定するためには、損益分岐点をできるだけ下げることが必要であり、設置工事費を含めたイニシャルコストを低く設定するために、初期投資額が適正か否かを計画時点で検証しておくことが重要である。

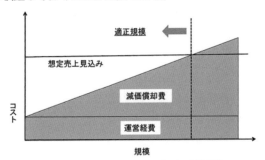

図2-2-2-2 デジタルサイネージの適正投資規模

(4) 商品設定とシステム仕様

広告用途サイネージでは、販売期間の露出回数を設定して販売することが多い。ロール長を定めて運用することが一般的であるが、ロールを長くして枠数を増やすほど、1広告主当たりの露出回数は少なくなる。ロール長はそのロケーションで出稿が見込める広告主の数を想定して、調整することがポイントである。また販売期間はそのエリアにおける広告主のニーズを勘案して、月単位・週単位など、いくつかの基本的な商品を予め設定しておくことが多いが、同一ロールの中で異なる期間の商品枠を組み合わせることもできる。個別の広告主ニーズに合わせて任意の掲出期間に対応するケースもある。

複数面で展開するサイネージでは、原則としてサイネージ間の同期がとれること（異なる広告主の意匠が同時に出ないこと）や、決められた時刻に表示できること等、特殊な仕様が必要になるこ

とが多い。

図 2-2-2-3　広告用途サイネージの収入想定

2-2-3 販売促進用途サイネージにおける留意点
(1) 目的とロケーションの設定

商業施設内や店舗周辺等にサイネージを設置する場合、その目的は大きく2つに分類される。①売上や来店客数の向上のための商品・セール告知等の本来の「販売促進」と、②従来、印刷物やPOP等で発信していた情報をサイネージ化することによる「コスト削減」である。

いずれの場合もロケーションやターゲットの想定は重要であり、ファサード周辺、エレベーター前、エスカレーター正面等、接触時間を意識して設置場所を検討すべきである。

(2) 基本仕様とコンテンツ

ロケーションに合わせてディスプレーの向きは決めるべきであるが、販売促進用途のサイネージは、縦向きと横向きが施設によって混在しており、必ずしも特定のフォーマットはない。店舗ファサード等に設置する自立式のイーゼルタイプサイネージは縦向きが多い。

また配信システムはスタンドアローンでメモリーの差し替えにより更新を行う小規模なものから、大規模商業施設等では、ロール内にブランド全体のコンテンツ、当該施設のコンテンツ、各テナントのコンテンツ等、レイヤーを分けて編成しているものまで多様である。ロール長は一定ではなく、コンテンツ量によって変動し、また更新タイミングも必要の都度、柔軟に行っている。

昨今は、CMSを介して、公式のtwitterやinstagram等のSNS

と連携する展開事例や来店客のスマートフォンアプリとサイネージを連携させる等、O2O（Online to Offline）ツールの一環としてのユースケースも増えている。

　また比較的単一画面で接触することの多い販売促進用途のサイネージでは、より見やすく情報を表示するために、ディスプレー画面の大きさに応じて、文字の大きさや文字数、1画面の表示時間の目安を定めておくべきである。

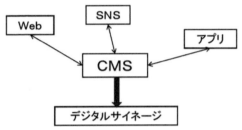

図 2-2-3　CMS を活用したコンテンツ連携

(3) 筐体デザイン・クリエーティブの重要性

　商業施設内では、デジタルサイネージがインテリアの一部として機能するケースが多い。筐体デザインやカラーも施設の内装デザインを損なわないようにコーディネートを図るべきである。また商品情報やブランドPR、営業告知等、様々な情報を発信する際に、アイキャッチの効果を上げるためには、色使いやフォントの大きさ、画面レイアウト等、見やすくかつ施設のイメージアップにつながるフォーマットで、統一された画面デザインを心がけるべきである。

(4) 運用業務の軽減

多くの販売促進用サイネージでは、編成・配信等の日常業務をストアスタッフが自ら行っていることが多い。様々な用途にサイネージを活用することにより、コンテンツの作成、表示内容のチェック、素材管理や表示期間管理、配信等の実務作業はストアスタッフの負担になり、想定された効果を発揮できないケースも多い。先に述べた CMS 等を活用したワンソース・マルチユースは極めて有効な手法である。

(5) 目標の設定と評価基準

販売促進用途のサイネージでは、必ずしも評価基準が一定ではないため、評価の検証がしにくいことが多い。販売促進のためのプロモーションツールはサイネージ以外にも、POP や Web、チラシ等、複数の手段を連動して実施されることが多く、サイネージ単体の効果を定量的に検証しにくいこともあるが、施設全体のブランディングや顧客の囲い込み（ファンづくり）等、定性的な成果を視野に入れた展開も多いためである。

タッチパネルを活用したインタラクティブなサイネージではタッチ数、スマートフォン連動サイネージでは発行クーポン数、QR コード等で誘導を行うサイネージではアクセス数等、ある程度、定量的に効果を把握する手段はあるが、サイネージの効果そのものは見極めにくい分野である。今後、この分野における展開事例が増えるにつれて、展開フォーマットと評価基準の標準化が望まれる。

一方、サイネージ導入の目的を「コスト削減」に設定した場合は、サイネージ運営コストが代替するサービス（印刷・掲出等）のコストを下回れば、評価をすることができる。

販売促進用途のサイネージにおける評価は定量的なものだけでなく、定性的な成果も視野に入れて、総合的に判断すべきである。

2-2-4 情報提供用途サイネージにおける留意点
(1) 情報提供ツールであることの主張の重要性

インフォメーションを主な用途とするデジタルサイネージは、公共的なロケーションに設置され、地図や案内情報、観光情報、災害情報等を表示・伝達することが目的になることが多い。利用者に①正確に、②わかりやすく、③誤解を招かない形で情報を伝えることが最も重要である。そのためには、①利用者が情報を必要とするだろうロケーションに、②わかりやすい筐体デザインで設置し、③理解しやすい文字の大きさや画面の色使い、表示時間を意識して運用すべきである。

またこの用途のサイネージでは、案内情報や地図の表示、多言語対応等でインタラクティブな機能を持たせることが多い。2-3で述べるUI（ユーザーインターフェイス）やユニバーサルデザインにも配慮する必要がある。ひと目で機能が認識できるような筐体デザインやピクトグラムの活用を積極的に推進すべきである。

(2) 基本仕様とコンテンツ

情報提供用途のサイネージのうち、特に官公庁や公共機関がサイネージを情報伝達ツールとして設置する例が増えている。3-2で紹介する「2020年に向けた社会全体のICT化アクションプラン（総務省）」でも、デジタルサイネージを活用して、①災害情報やオリンピック等情報の一斉配信、②訪日外国人等、個人属性に応じて観光情報や競技情報、災害情報等を多言語で情報提供することが明記されている。

この分野のサイネージでは屋外・半屋外のロケーションに設置されることも多い。屋外のロケーションでは、温度・湿度・ほこりや日射等を意識したハードとしての堅牢性が求められる。具体的には超高輝度ディスプレーの採用、ファンやエアコンを含む排熱対策の検討が不可欠となる。

また、災害情報等の対応を用途に含める際は、バッテリー等、停電時の二次電源や通信の多重化等、システム自体の冗長性にも配慮する必要がある。以下に大規模災害発生時等の緊急時にサイネージが適切に機能する要件を挙げる。

■サイネージ緊急対応のチェックポイント
1. 運用人員の安全確保… 情報収集・配信管理スタッフの確保
2. 設備 ……………… 関連機器等の被害状況および動作確認
3. 電源 ………………… サーバー、現地等各拠点の電源確認
4. 通信環境 ……………………… ネットワークの疎通確認
5. コンテンツ …………… 表示すべきコンテンツの内容確認

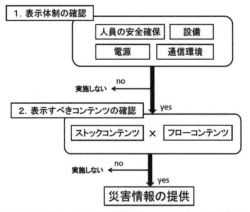

図2-2-4　サイネージによる災害情報対応のフローチャート（DSC「災害・緊急時におけるデジタルサイネージ運用ガイドライン」）

　特に災害対応におけるコンテンツは確実に更新が行われることが重要である。どの時点の情報か利用者にわかるように画面内に更新日時を表示する等、特殊な仕様が要求される。

(3) 運用体制・マニュアル整備の必要性

　情報発信用途のサイネージでは、組織における情報発信の一環として運用されるケースが多い。担当者の異動や組織改編にかかわらず、常に必要とされる情報の発信が維持できるような運用体制の確保や運用マニュアルの整備が重要である。特に災害対応の場面では、組織としてのBCP（事業継続計画）の内容にサイネージの運用も規定しておく必要がある。

(4) サインとしての整合性

　情報提供用途のサイネージについて、仕様・コンテンツ・運営体制等、主な留意点を挙げてきたが、このジャンルでは特に施設やエリア全体のサイン計画の一部としてサイネージを位置づけることが極めて重要である。地図や誘導メッセージ等の情報提供は、本来、サイネージのみで機能するものではなく、固定の案内サインや誘導サイン、各利用者の持つモバイルコンテンツ等と連携して初めて、的確な伝達が実現できる。サイン計画の段階からサインとサイネージ、場合によってはWebサイトやリーフレット等との役割を整理して、全体を俯瞰した情報提供プランの設計を意識すべきである。

2-2-5 エンターテインメント用途のデジタルサイネージの留意点

　この分野のサイネージはロケーションも商業施設から映画館、劇場、イベントスペース等、多岐にわたり、またデバイスもプロジェクターや大型LEDビジョン等、様々なツールが活用されている。用途も幅広く、施設の環境演出からコンテンツのPR、またコンテンツ放映自体が目的となる「プロジェクションマッピング」や「パブリックビューイング」等も含まれる。設置形態は常設のものは比較的少なく、イベントやライブ等で期間を限定して運用される事例が多い。

(1) キーワードは「集客」、「話題づくり」

　エンターテインメント用途のサイネージのユースケースは多岐にわたるが、一般的に「集客」や「話題づくり」を目的にしたものが多い。この分野のサイネージ活用において、最も重要なポイントはコンテンツである。施設のブランドイメージやイベントの世界観を表現するためのビジュアルやコンテンツがあり、そのコンテンツを表現するツールとして、最適なロケーションとデバイスが選択される。これまでの各用途とは異なり、まずコンテンツのクオリティーに注力すべきである。

(2) 新たな素材・技術の導入

　エンターテインメント用途にサイネージを活用するケースでは、新たな素材や周辺技術を組み合わせて、非日常性や話題性を演出するケースが多い。ARやキネクト、様々なセンサーの活用、Web連動やスマートフォン連携、大規模なプロジェクションマッピング等、新たな素材やアイデアがいち早く導入される分野であると言える。この分野で話題になったテクノロジーや表現手法はその後、普及に伴い、各用途のサイネージにフィードバックされることが多いため、注目を要する。

(3) 体験価値共有と拡散効果

　エンターテインメント用途のサイネージでは、利用者に非日常的な体験や話題を提供し、その「特別な体験や感動」をSNSや動画共有サイトで利用者が拡散させることにより、実動員をはるかに上回る効果を上げることが多い。エンターテインメント用途にサイネージを活用する際は、集客につなげるためのプロモーションの事前告知や展開中のSNS拡散、マスメディアへの露出等のパブリシティも含めて、予め評価基準を想定しておくべきである。

2-2-6 まとめ

この節ではデジタルサイネージを導入する際の実践的な推進手順を用途別に述べてきた。実際には複数の用途を兼ねて運用される事例も多く、評価基準の考え方も事業者やビジネスモデルによって一定ではないが、サイネージの持つ特性を意識して目的を明確に設定した上で仕様や機能を検討することは共通するポイントであると言える。デジタルサイネージを新たに展開する上での検討ステップを下図に示す。

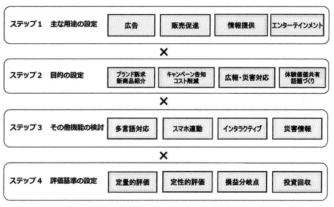

図 2-2-6-1　デジタルサイネージ展開の検討ステップ

新たにサイネージビジネスを検討するにあたって、この4つのステップに沿ってプランを策定し、関係者間でイメージを共有しておくことにより、必要な仕様とそのプライオリティーが明確に整理されるため、メーカーやベンダーに仕様を伝えたり、RFPを作成したりする際に役立つ。さらに具体的な検討項目は下図のとおりである。

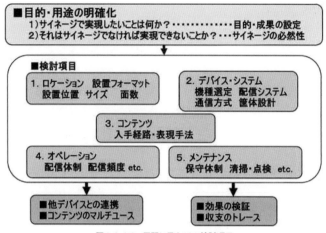

図 2-2-6-2　展開に際しての検討項目

　デジタルサイネージは極めて多機能なツールである。表示デバイスからシステム設計、付加機能の組み合わせによって、様々な分野で多目的に活用できる。しかし、設置を検討する事業者自らがその特性を理解し、利用者の立場に立って必要な機能を的確に盛り込むことで、初めて期待される効果を発揮するし、また的確に機能する。デジタルサイネージの仕様を検討する際は、目的に従って機能にプライオリティーを付けて、あえて仕様をそぎ落としてみることも必要である。

　今後、さらにデジタルサイネージの用途やユースケースは広がっていくと思われるが、様々な分野における成功事例が増えることにより、マーケット全体が活性化していくことを望む。

2-3 UI(ユーザーインターフェイス)

　UI(ユーザーインターフェイス)は、主に電子機器やコンピューターと利用者(USER:一般的には人間)とのやり取りについてのインターフェイスであり、機器・ソフトウェアデザインの分野においては、すでに長く良く知られた概念である。この分野では、ユーザーに対してどのような環境を用意すれば、効率良くストレスなく操作ができるか、あるいは直感的に操作できるようにするためにはどうしたらいいか、また、どのような情報をどのように提示すれば便利でわかりやすいか、といった基本的な要素の他に、他のユーザーや他の機器との関係性、操作をしているときの心地よさ、楽しさなどの要素も含めて、さまざまな研究、試行、実装が行われている。特に、サービス全体について、ユーザーがやりたいことを、心地よく実現できるかどうかといった観点では、さらに進んだUX(ユーザーエクスペリエンス:利用者体験)という用語も使われている。

　「UI」は専門的な用語ではあるが、電子機器が身近になった昨今、「スマートフォンにおいては、画面タップによって操作する新しいUIが、利用者の支持を得て瞬く間に広まった」というような表現を見れば、その意味するところは、容易にイメージできるだろう。

　さて、この節では、デジタルサイネージのUIについて述べる。デジタルサイネージの主な用途が、当初、紙媒体のコンテンツをデジタルに置き換えることだけだった頃には、UIという概念はほとんどなかったと言える。しかし、デジタルサイネージがユーザーの操作によって、情報を提供するようになったことで、UIデザインは重要な要素になりつつある。今後、デジタルサイネージ

を取り巻く各種環境の進化、すなわち、サイネージ機器そのものの表現力、各種センサーなどの周辺機器の充実、通信環境やモバイル端末の能力の向上にともない、ますます重要な概念になっていくことは想像にかたくない。

デジタルサイネージの用途別に見ると、情報提供用途、販売促進用途においては、PC やモバイル端末での情報提供時の UI と同様の観点からの整理と、下記のようなデジタルサイネージの特性に対する工夫とが必要である。

・モバイル端末のように利用者が日常的に接するものではないので、利用者の習熟度に期待することはできず、よりわかりやすい UI が求められる。
・公的な場所に設置されていることを基本として考える必要があり、利用者条件のバリエーションは幅広く、複数の利用者がデジタルサイネージの前にいるシーンも想定しなければならない。

一方、広告用途、エンターテインメント用途においても、各種センサーなどによるデジタルサイネージの動作といった、UI 領域の概念がないわけではないが、ここでは、情報提供用途や販売促進用途のサイネージで、特にユーザーの意思によってデジタルサイネージを操作利用する場合の UI に範囲を限定して説明する。主に想定しているのは、タッチパネルによる操作である。

【アテンドサイネージ】

上述のような、「利用者の求めに応じて有益な情報を提供し、利用者とインタラクティブな（双方向の）やり取りをするデジタルサイネージ」を、デジタルサイネージコンソーシアム UX 部会では、「アテンドサイネージ」という名称で分類しており、この節で

は、以下この名称を使用する。

　具体的なアテンドサイネージの実例としては、本書の 1-1 および 3-4 に掲載されている実例の中の、1-1-5 グランフロント大阪の「コンパスタッチ」、3-4-3 新宿駅西口広場デジタルサイネージ、3-4-4「ルートファインダー」、3-4-5「4K ナビタ」の各項を参照されたい。

2-3-1 筐体デザイン

　アテンドサイネージに該当する概念は、必ずしも新しいものではない。街中に設置されているグルメクーポン発行機や、地下街などで目的地をボタンとランプで表現する案内図などは、このジャンルに属するもので、試験的な設置を含めれば、すでにかなりの実例がある。しかしながら、その存在が一般に浸透していない、操作性が洗練されていない、コンテンツが陳腐化する等の問題から、一定以上の利用者を獲得することができず、コンテンツ維持の手間と効果とのアンバランスを解決できないまま、その使命を終えてしまう例も多かった。

　コンテンツの更新や操作性の問題は、今後のテクノロジーの進化で改善されていくと思われるが、アテンドサイネージの利用率の問題が自然に解消されるとは考えにくい。アテンドサイネージの利用率を上げるために、まず必要なことは何なのかを考えてみると、個人が持つ端末などと異なり、アテンドサイネージはそもそも以下のような問題を抱えていることがわかる。

(1) 設置されている筐体を見ただけでは、アテンドサイネージであることがわからない。
(2) 人通りのあるところで、用途や操作方法が不明なアテンドサイネージを試しに使ってみる勇気や余裕がない。

(3) 誰かが使っていれば使ってみてもいいかと思うが、利用中の人の後ろで待つのは気がひける。

　これらの問題の解決策としてまず最初に必要なのは、アテンドサイネージの設置場所を案内し、アテンドサイネージの設置場所にアテンドサイネージであること（＝希望の情報が入手できること）を掲示することだが、この点についてはピクトグラムの利用が有効である。2-7 ピクトグラムの節を参照されたい。
　そして次に必要なのは、筐体そのもののデザインへの配慮である。利用意欲を引き出し、利用に至る障壁を極力なくし、安心して利用できるデザインであるのが望ましい。

【ディスプレーの傾斜】
　1つの方法として、画面に傾斜を付ける方法がある。

図 2-3-1-1　ディスプレーに傾斜の付いた筐体

　例えば広く浸透している自動券売機のような「操作できる機器のパネル」は、垂直ではなく傾斜付きである場合が多く、傾斜の

付いた筐体は「操作できる＝何かを得られる」ことを想起させやすい。また傾斜がある画面は、近づいて斜め上から見る方が視認性が良いので、近づく動作を自然に誘導できる。また傾斜面は手の重さが支えられるのでタッチ操作が楽であり、直感的に操作意欲を引き出す。

【足元の奥行空間】

ディスプレー下方に奥行空間のあるデザインにしておくのも効果的である。近づいたときに足が収まるデザインは、前に立つことの抵抗が少ない。さらに車椅子に乗ったままでも操作できるだけの空間を用意しておくことは、バリアフリーの観点からも留意したい点である。

図 2-3-1-2　画面足元に空間のある筐体

【対面ディスプレー】

さらに、これは設置方法の工夫とも言えるが、複数のサイネージを向かい合わせて、あるいは並べて設置することにより、利用

者の連鎖を生むことができる、誰かが操作しているときにもう1台が空いている可能性を増やす、操作の順番を待ったり待たれたりするときの抵抗感を減らす等、次々に通りかかる利用者が操作をあきらめない効果が期待できる。2つのディスプレーが対面でセットになった下図のような筐体も有効であろう。

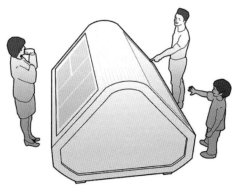

図 2-3-1-3　対面型の筐体

【事例からのピックアップ】

　その他、事例に見られる特徴的な筐体デザインとして、1-1-5 グランフロント大阪の「コンパスタッチ」では、筐体の右側に印象的な円盤が付いたデザインになっている。この円盤は、アプリと連携するICカードをタッチするためのパネルであり、「操作してみたい」という気持ちを引き出す要素になっている。なお、「コンパスタッチ」は設置台数も多く、利用したいときに周辺の空いている筐体を容易に見つけることができる。目に入る範囲で、どれかの筐体に利用者がいる確率もかなり高い。

　また、3-4-3「新宿駅西口広場デジタルサイネージ」のタッチパネル地図表示では、傾斜した操作画面の横に、4Kの大型地図が表示されるマルチ画面構成になっている。操作できるのは傾斜画面

だけで、大型地図は大画面で精細な地図を見るためのものであるが、この地図を操作している利用者があると、遠くから見ても地図が変化するので、通る人たちの目を引く。大型画面を見ながら操作の順番を待つ人も見受けられる。

このように、設置場所や機能の特性に合わせて、筐体のデザインから考える事例が出てきていることは、今後の進化を期待させる。まだ標準的なパターンへの収束はしていないが、今後の実証実験や設置事例を経て、標準的ないくつかの選択肢が作られるのではないかと考えられる。

2-3-2 画面デザイン

続いて画面デザインであるが、一般的に操作しやすい画面デザインについての知見は、Webサイトデザインのための知見として蓄積されているものが多数ある。使用する文字の色やサイズが視認しやすいものである必要があるのは言うまでもない。

しかし、公共の場に設置されているデジタルサイネージの場合に特に留意すべきなのは、
(1)操作に慣れていない利用者が操作すること
(2)操作の途中で次の利用者に引き継がれる可能性があること
(3)1人の利用者が不必要に長時間ディスプレーを独占しない工夫が必要なことである。

【機能の整理】

まず最初に考えるべきなのは、搭載機能そのものの整理である。多くの機能が搭載されていると一見便利なようだが、利用者は操作に慣れていない上に、多くの場合急いでいる。簡単に早く目的の情報を得られることが最も重要なのだ。
事例の中の3-4-4「ルートファインダー」は、駅に設置されており

「その場所からのルートを検索する」ことが最も簡単にできるように設計されている。ほぼ単機能であり、外国人旅行者が操作しているシーンをよく見かける。

　機能については、少なくともメインの機能と付加的機能の配置にメリハリを付けるべきである。

【シンプルな操作】

　そして、操作方法は極力シンプルにする、画面の種類をできるだけ減らす、最初の操作に戻ったり機能を切り替えたりする操作アイコンは「極端に」良く目立つようにするなどの対応が必要となる。そのような配慮は、操作途中で離脱する利用者が多いことへの対処としても有効である。

　また、操作方法に習熟していない利用者に対しては、結果を表示するまでに長時間待たせないということにも、特に注意する必要がある。

【ICカード連携】

　さらに、ICカードに格納された利用者属性情報や、ICカードと連動したアプリで登録したお気に入り情報などにもとづき、操作を省略できるようにすることも、今後の普及が期待される機能である。このことにより、ICカードをタッチするだけで、最短で希望の情報を入手することができる。

　なお、この場合に注意すべきなのは、どのようなICカードが使用できるのかをわかりやすく表示することである。ICカード利用の標準化も必要であろう。

　ICカード連携の未来像については、3-2-4 ICカード連携を併せて参照されたい。

【モバイル連携】

　利用者のアクションにより表示される情報は、利用者が持つモバイル端末から再表示できるように連携されるのが望ましい。情報の継続利用によってアテンドサイネージの利便性＝価値を上げるという意味からも、1人の利用者がサイネージを独占することを防ぐ意味からも、今後のアテンドサイネージでは必須の機能とも言える。

　モバイル連携については、2-4 モバイル連携を併せて参照されたい。

2-3-3 多言語対応サイネージの UI

　多言語対応のサイネージの UI については、言語の切り替えなど、多言語ならではの事情がある。今後、多言語対応はアテンドサイネージの重要な要件になると考えられるので、

(1) 当該サイネージが多言語対応であることの明示
(2) 言語切り替えの操作方法
(3) 言語が切り替わった直後の画面
(4) 多言語コミュニケーションの視点

　の4点に分けて、この項でまとめて記載する。今後の多言語対応の方向性等については、3-2-2 多言語対応を併せて参照されたい。

【多言語対応であることの明示】

　多言語対応サイネージの基本の画面は通常日本語であり、多言語対応を必要とする利用者が多言語対応であることに気づくためには、そのための特別な工夫が必要である。

　1つの方法は、筐体の上や筐体内の目立つ位置にピクトグラムや多言語対応である旨の英文などを表示する方法である。英語を

解する人口の割合は思ったほど高くはないので、できれば言語によらないピクトグラム表示を行うのが望ましい。ピクトグラムについては、2-7 ピクトグラムも参照されたい。

現状では多言語対応は、まだ「多言語表示もできます」という位置付けにとどまっているが、今後、多言語対応の意味の変化や対応言語数などに応じて、新しい表現が生まれることが期待される。

【言語切り替えの操作方法】

言語切り替えの操作で重要なのは、どの言語の利用者が見ても操作位置がすぐわかるようにデザインすることである。言語切り替え操作のアイコンは、画面内右上、右下など、最も目立つ位置に置き、「Language」などの英語表現かピクトグラム表現、あるいは併用とする等の工夫が必要である。

言語の選択肢は各言語で表現し、将来の拡張に対応できるようなデザインで配置するのが望ましい。国旗による表現は言語と対応させられない場合があるので避けるべきである。

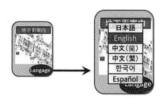

図 2-3-3-1　言語選択肢の表示例

また、画面タッチによる選択の他に、モバイル端末や IC カードに設定されている利用者の言語属性との連携によって言語を選択する方法もある。

【言語が切り替わったときの画面】

言語を切り替える場面として念頭に置く必要があるのは、別言

語を使用する利用者が利用する場合はもちろんのこと、別言語で利用中の利用者を、日本語利用者（等の現地居住者）が補助する場合である。

例えば、別言語利用者が検索した施設への地図が表示されている状態で、最も知りたいことの1つが、どちらに向かって歩き出せば良いかということであろう。そのような場合に、たまたま近くにいる現地居住者が身振り等で方向を指し示すためには、現在表示されている画面を日本語で確認したい。

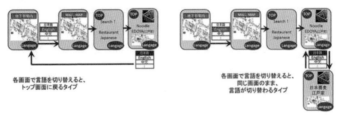

図 2-3-3-2　言語切り替え時の画面遷移

つまり、言語を切り替えたときに上図左のトップ画面に戻る遷移ではなく、上図右の表示されている画面の言語が切り替わる遷移をデフォルトにするのが、「おもてなしサイネージ」とも呼ばれる「アテンドサイネージ」の多言語化に求められるのではないか。このような遷移を基本にしたサイネージがあれば、困っている外国人を助けたいというモチベーションを持つ現地居住者が、そのサイネージの存在を積極的に案内することにつながるだろう。これに付随して、トップ画面に戻る操作アイコンも常にわかりやすく表示するといった配慮が必要である。

【多言語コミュニケーションの視点】

上述の画面遷移方法も含め、多言語対応サイネージはその用途や設置場所によっては、多言語コミュニケーションの視点を持つ

べきである。スマートフォンなどのプライベートなデバイスとは異なり、多言語対応サイネージは複数の利用者が同時に画面を見ることができ、そこに多言語間のコミュニケーションが生まれる可能性がある。つまり、日本国内での多言語対応サイネージの利用シーンを想像する場合、そこには日本語のみを解する利用者が同時に存在することが考えられる。

　別言語で表示している画面に、多言語コミュニケーションを助けるための日本語や、言語に頼らない画像表現による説明を併せて表示することで、日本人にも訪日外国人にも豊かな体験を提供できるのではないだろうか。

図 2-3-3-3　多言語コミュニケーション

2-4 モバイル連携

モバイルデバイスとデジタルサイネージの連携は、高い話題性があり、「デジタルサイネージの価値向上の次の一手」としての期待も大きい。しかしながら、現在は未だ試行錯誤の段階で完成パターン・勝ちパターンの明確化はされていないのが現実である。そのことを踏まえ、本項では現状と解決課題を中心に述べることとする。

2-4-1 現状

モバイル連携とは、モバイルデバイスとデジタルサイネージの間で何らかのインタラクション（相互作用）が生まれるような仕組みを組むことを意味する。

手法論としては

①デジタルサイネージから、モバイルに情報を送るもの
②モバイルを使って、デジタルサイネージを操作するもの
　の2方向に分けられる。

①デジタルサイネージから、モバイルに情報を送るものの代表としては、デジタルサイネージで告知されたクーポンがスマートフォンに表示されるものが挙げられる。2014年に（株）ジェイアール東海エージェンシーと凸版印刷（株）により行われた、JR名古屋駅中央コンコースの100面サイネージからビールの引換券クーポンが手に入る実証実験が著名な事例としてある。それ以外にもデジタルサイネージ上の地図で調べた場所をスマートフォンにダウンロードする取り組みなどがなされている。

　手法としては、デジタルサイネージから受動的に情報を受け取る手法（プッシュ配信）か、モバイルがサイネージまで自発

的・能動的に情報をとりにいく手法（プル受信）かに分けられる。技術視点では、プッシュ配信の技術としてはBLE（Bluetooth Low Energy）が代表的技術で、それ以外にも可視光通信や音声ビーコンの技術開発が進んでいる。プル受信としては昔からあるQRコードを使ったものに加え、NFCタグの事例が増えてきている（NFCタグ利用の場合は併用してQRコードも使うことが多い）。

現状では、QRコード以外の手法は、規格の整理統一過程にあることや、固有アプリが必要となることなどから、デファクト化した技術方法はまだないと言える。

②モバイルを使って、デジタルサイネージを操作するものとしては、実例1-1-3「Q'S EYE 渋谷花火大会」のように、エンターテインメントコンテンツでインタラクションの操作ボタンとしてモバイルを使うものが挙げられる。他には、映画のプロモーションにスマートフォンを使って屋外ビジョン上でシューティングゲームをする事例などがある。技術視点では、ブラウザーベースのコンテンツをモバイルネットワークから操作するものや、アプリを使って可視光で通信するものなどがある。これらは単発のイベント的な使い方が基本となる。

また、将来的な方向性として、情報を受け取るだけ・送るだけでなく、モバイルとデジタルサイネージ間でインタラクションを重ねることによって、結果アウトプットが向上していくものも想定される。具体的には、モバイル内の個人データと、サイネージ内に保有する周辺情報のデータベースが、相互にマージされることでサイネージがおすすめする行動プランの質がより高まっていく、コンシェルジュ機能を持ったサイネージ

などである。

　また、少し位相がずれてしまうが、話題になっている OOH 広告キャンペーンがその体験者により広く SNS 拡散されるケースが非常に増えている。そのようなキャンペーンでは、デジタルサイネージアワード 2015 を受賞した「サイコパス　シビュラゾーン」のようにデジタルサイネージやプロジェクションが使われることが多く、その点ではこれもデジタルサイネージとモバイルの連携という見方もできる。

2-4-2 課題

　このように新しい取り組みが進むモバイル連携分野だが、モバイル連携は未だ実験と進化のステージにあり、それが普及浸透期に移行するには課題が多い。まず言えるのは、モバイル連携の目的が明確化されていないことであろう。そのビジネス目的がどこにあるかが明確でなく、連携そのものが目的となるケースが多い。では目標設定をどこに置くべきであろうか。

　「広告」の場合、短時間で伝えきれないより深い情報の提供による商品理解や、モバイルを使って深く関与することによるエンゲージメント強化が目的となる。そのためには、広告を届ける相手が適切であるか（ターゲティング）、広告メッセージが上質か（クリエーティビティ）、操作がスムーズで心地よく情動性を妨げないか（UI/UX）がバランスよく成り立っていなければならない。

　「販売促進」の場合は、クーポンやレコメンド提示による来店促進→売上増加が目的になるが、その場合はクーポンダウンロード数、来店数、売上増加額、リピーター化率などの目標数値がコストと見合うかが指標となる。

　「情報提供」の場合は、地図や観光情報のダウンロードなど、利

用者が求めている情報の提供が目的であるが、その公共性の高さによっては目標設定が必ずしもコスト効率と結びつかない。どちらにしても、操作がスムーズで簡便に情報取得までたどりつけるか（UI）が重要になる。

「エンターテインメント」の場合は、モバイル連携によるインタラクションや驚きにより生み出される感動が目的なので、「広告」以上に操作がスムーズで心地よく情動性を妨げないか（UI／UX）が重要となる。

	目的	手法	課題
広告	深い商品理解 エンゲージメント強化	より深い情報の提供 エモーショナルな訴求	ターゲティング、クリエイティビティ、UI／UXがバランスよく成り立っていること
販売促進	来店促進→売上増加	クーポンダウンロード 催事情報配信	クーポンダウンロード数、来店数、売上増加額、リピーター化率などのコストとの見合い
情報提供	求められる公的情報の提供	地図情報や観光情報などの、端末への持ち出し	UIの質
エンターテインメント	感動、興奮の提供	インタラクション	UI／UXの質

図 2-4-2　モバイル連携の目的、手法と課題

もう1つの課題は、技術・サービスのデファクト化が完了していないことである。上記のように、モバイル連携の技術としては、BLE、可視光通信、音声ビーコン、NFC、QRコードなどがあり、これに加えて総務省の「2020年に向けた社会全体のICT化推進に関する懇談会」では、来日外国人へのおもてなし機能や、緊急災害時の情報入手手段としてWi-Fiが具体的な方法として推奨されようとしている（後述 3-2-3「スマートフォン連携」参照）。また、

サービスのデファクト化の面で言えば、Androidと iPhoneに二分化されたモバイル状況下で、例えばBLEを使ったプッシュ配信でも、利用者はまず専用アプリをモバイルにダウンロードしなければならないし、その上で利用設定をしてやっと使うことができるようになる。この手間は普及に大きな課題である。Googleが Physical WebというBLEの仕様のオープン化を進めているが、このような新たな取り組みに期待したい。

2-4-3 今後の進化展開

これらは現在の状況と課題であるが、今後、テクノロジー進化に合わせてデジタルサイネージとモバイルの連携もまた進化していく。それらを予想するとき、下記のようなキーワードが重要性を帯びる。

①個人データの活用
②効果の可視化と最適化
③ショールーミングや決済活動
④ IoT機能面での連携

①個人データの活用

個人データは、「広告」「販売促進」「情報提供」「エンターテインメント」のすべての分野で活用されると予想される。

まず1つは、モバイル連携によるビッグデータ収集である。個人データ収集をスマートフォンから行い、分析結果をコンテンツ配信計画に活用するものである。「広告」「販売促進」分野では、サーキュレーション（通行者数）や入館者数だけでなく、性年齢属性（デモグラフィックデータ）を収集しターゲット像を明確化し、さらには行動履歴、購買履歴などの特定個人データも分析し

て、より深いコンテンツ配信計画を立てていく。

　もう1つは、配信情報のパーソナライズ。個々人に合わせたコンテンツ配信をするために、スマートフォンをサイネージと連携させる。「広告」「販売促進」「情報提供」分野では、レコメンド情報のもととなり、「エンターテインメント」では、例えばプロジェクションマッピングのコンテンツが個人データによってカタチを変えるなどである。

②効果の可視化と最適化

　広告マーケティング市場では、ネット広告から始まった「広告効果の可視化と最適化」がデジタル以外のメディアでも大きな課題になっている。一方で、現在のサイネージは詳細な効果計測が難しい。デジタルサイネージにおいて広告・コンテンツ関連は大きな市場であり、「広告効果の可視化と最適化」のトレンドはここにも押し寄せることが予測されているが、その折にモバイル連携が重要なポイントになる。個人データの収集だけでなく、効果計測にモバイルを使う、もしくは効果向上施策とモバイルを連携させることが大きなトレンドとなる可能性がある。

③ショールーミングや決済

　今後ネット購買市場がより拡大していったとき、街における商業施設の役割が、商品購入の場から商品発見や試着試用の場に変化していくという予想がある。このショールーミングが普及していく折に、サイネージをショールーミングの中心に置きスマートフォンで決済するといったように、店頭サイネージと個人をつなぐためのモバイル連携が進む可能性は高い。その折には、デジタルサイネージの「大画面高精細で視覚効果が高いこと」「街のリアルタイムデータを取り込んでいること」がキーになってくると思

われる。

④ IoT機能面での連携

 今後モバイルは進化の過程でその機能と形を変えていく可能性がある。通話とデータ通信が中心の現在の役割から、日々の生活を記録するライフログデバイスとしての役割強化や、ヘルスケア系IoTデバイスとの融合などに加え、デジタルサイネージとの連携でも新しい価値サービスが生まれる可能性は高い。

 以上のように、モバイル連携はまだこれからに期待される分野ではあるが、そのポテンシャルと寄せられる期待は大きい。

2-5 関連ビジネス

デジタルサイネージの一面として、リアルな場所をにぎわい演出するための目的が挙げられる。デジタルサイネージは、イベント目的にマッチした情報提供や演出をすることが主な役割になる。これまでにない技術や表現方法によって、エンターテインメント的な楽しさを演出し、斬新さをプロモーションするなどの工夫が、この目的での成果となる。例えば、プロジェクションマッピングによる建物をまるごと利用した映像表現や、AR/VR映像による空間演出など、革新的な技術を採用して新しさを訴求し、話題性を喚起するような事例も増加している。

2-5-1 プロジェクションマッピング

プロジェクションマッピングは、プロジェクション（＝投影）する映像を対象となる物体にマッピング（貼り付け）する技術である。建築物やオブジェクトなどの立体物あるいは凹凸のある面に、10,000ルーメンを超える非常に明るく強力なプロジェクターから投影するケースもある。投影する映像は対象となるオブジェクトに合わせて作りこまれており、対象と映像をぴたりと重なり合わせて投射することにより、対象となるオブジェクトが変形したように感じさせ、新しい見え方を演出することが可能となる。

映像コンテンツをスクリーンの四角い枠の中に表示するのではなく、枠に制限されない自由な表現手段として注目を集めている。有名建築物へのプロジェクションマッピングの場合、投影される建物自体をコンテンツの一部として活かすことにより、建物というリアルと映像というバーチャルを組み合わせることで、新しい魅力を生み出し、集客につながっているケースが多くみられる。

屋外でのプロジェクションマッピングの場合は、屋外広告条例

への配慮が必要となる（1-5 法規制参照）。屋外広告条例の制限を受ける場所では、プロジェクションマッピングも制限を受ける場合が多い。また、イベント運営のための警備計画の準備が必要である。そのため、同じコンテンツを複数のロケーションに低廉な費用で展開することが困難であり、特定のロケーション（私有地など）で行われるケースが多く、ロケーションオーナー・メディアオーナーが集客を目的とした場の演出として活用する場合がほとんどである。

　安価で明るいプロジェクターや短焦点プロジェクターの登場により、屋内での活用も増えている。店舗内の演出あるいは商品の演出にプロジェクションマッピングを活用する場合、同じ演出をコピーすることができるため、同じコンテンツシステムを複数個所で導入できる利点があり、今後拡大が見込まれる分野である。

　演出面では、ディスプレーを活用した場合と異なる留意点もある。屋外の場合は、周りの環境の影響が大きく、投影時間や周辺施設の影響による明るさの変化に気を配る必要となる。また、プロジェクターとスクリーンとなる対象物の間に予期せぬ物体や人が入り込むと影ができるため、ロケーションの設定には留意が必要である。

　技術面の進化としては、画像認識技術とCGリアルタイム生成を組み合わせた対象物への自動位置合わせ、追従性能が向上してきている。人の顔のパーツや動きを追従して、顔をスクリーンとして歌舞伎俳優や猫メイクに演出するプロジェクトマッピング、速い動きの対象物を自動的に追従してズレないように投射する低遅延プロジェクションマッピングなどがそれにあたり、プロジェクションマッピングによる新しい演出の可能性を開いていく。

2-5-2 ライブビューイング・パブリックビューイング

4Kや8Kの超高解像度の利用には、大きく分けて3つの方向性がある。1つ目は放送、2つ目は医療、そして3つ目がデジタルサイネージである。

この広義の4Kや8Kのデジタルサイネージの分野では、広告や販促のような使い方ではない、新しいビジネスが立ち上がろうとしている。それが音楽やスポーツなどを、遠隔地の会場にリアルタイムでインターネットなどを通じて配信するビジネス、「ライブビューイング」である。類似の概念に「パブリックビューイング」があるが、こちらがどちらかと言うと、スポーツイベントを街頭やスタジアムのようなオープンなスペースにおいて無料で楽しむもの、という整理であるとすれば、「ライブビューイング」は、例えば映画館のような遠隔地における有料の興行ビジネスという区分けである。

歴史的に見れば、もともとは音楽、スポーツ、演劇などのようなエンターテインメントはすべてライブであって、そのときその場でのリアルタイムの実演以外には存在し得なかった。ところが録音や録画という技術の登場によって、わずかこの100〜150年ほど前から変化が生まれ、レコードや映画といった、実演を保存し配信するという産業が生まれた。そしてそれがデジタル化によって超高臨場感な世界を実現し、インターネットがそれをリアルタイムで別の場所で再現できるようにしたのである。つまり、こうしたエンターテインメントというものは本来ライブなものであって、4Kや8Kをはじめとする高臨場感を実現する映像技術の発展により、その多くはライブに回帰していくと考えられる。特に8Kクラスの超高解像度の映像であれば、例えば300インチのような巨大なスクリーンに表示をしても、現場と変わらない臨場感を得ることができる。22.2chの音響が臨場感をさらに増大

させる。

　また一方で、すでに音楽はCDのようなパッケージや、こうしたパッケージの配給ビジネスもあまり勢いはなく、完全にライブが重視される方向性になっており、興行チケットが手に入らないライブも続出する。アーチストの身体は1つしかなく、会場のキャパシティにも限界がある。ライブビューイングはこれらを一気にビジネスとして解決できる可能性を秘めている。

　ライブビューイングにおける重要なポイントは、できる限り同時ライブ配信であるべき点である。かつてのフィルムコンサートのようなタイムシフトな体験ではない、いまアーチストと同じ時を共有している、それも閉じた空間のなかで、同じ気持ちを持った人たち同士で共有していることが極めて重要である。これらはビジネスとして見た場合にはこれまでの興行ビジネスとなんら変わりはないので、これまでの商流やビジネスの仕組みをそのまま活用できる。

　技術面の進化としては、AR（Augmented Reality）、VR（Virtual Reality）、ホログラフィックVRのような技術を加えることで、現場よりも付加価値の高いエンターテインメント体験を得られるような可能性もあると考えるべきである。違う場所にいる人物との共演や、亡くなった過去の著名人との共演といったリアルとバーチャルの組み合わせのほか、デジタルの特性を活かして、特定の人物が複数存在するように見せる演出も実現できる。また、演劇における舞台の大道具・小道具を映像で制作してホログラムとして投影することで、大道具の入れ替えの手間と時間を省き、これまで動きのなかった大道具に映像を活用したダイナミックな動きを加えることができるなど、演出面での新しい可能性も期待される。

　さらにこうしたパブリックビューイングやライブビューイング

のような映像においては、これまでの映像演出手法とは異なるものが求められるのではないかと考えられる。例えば映画においては、元々画質が低く、臨場感とは程遠いものであったがゆえに、カット割り、カメラワークといった演出手法で、映像文化とも言える領域を確立してきた。これを否定するものでは一切ないが、超高臨場感時代の映像演出は、これらのものとは異なるはずである。

　こういったライブビューイングやパブリックビューイングというのは、これまでの映画、テレビはもちろんのこと、デジタルサイネージとも異なる新しい概念であり、新しいビジネス領域になるはずである。

2-6 国際標準化

2-6-1 標準化の必要性と活動概要

　液晶や LED による大型表示デバイスが低廉化し、タブレットやスマートフォンといった新たな端末が普及するとともに、ブロードバンド等の通信回線やコンテンツの配信基盤が発達している。デジタルサイネージの場合、これらのシステム間で相互運用性が確保されないと事業そのものが制限を受けたり、運用コストが必要以上に高くなったりと困ったことになる。

　非デジタルサイネージ時代には、各々独自システムによる表示装置とプレーヤーに対して、個別に合わせたコンテンツを持ち込んでローカルで再生すればよかった。しかし、コンテンツにも多様な仕様があり、今後は 4K、HDR 等、さらに高度化が進み、システム側ができるだけ汎用的に対応していかなければならない。また、表示装置に通信機能が付加され、視聴者のスマートフォン等とインタラクションが実現できるようになると、システム的に相互運用性を確保すべき範囲はさらに拡大する。

　一方、災害等発生時に政府機関や関係事業者の提供するコンテンツを的確に連携し、デジタルサイネージシステムに映し出したり、避難者に情報提供したりするのにも、相互運用性の確保が必要である。逆に、災害時のこうした対応ができると、街中のデジタルサイネージシステムを連携させた大規模イベント等、これまではできていなかった事業領域の可能性も高まる。

　デジタルサイネージシステムを構成する表示デバイスやプレーヤー、コンテンツ管理システム、ネットワーク、クラウド等は、多くがグローバルマーケットで流通している製品やそれをベースに作られている。そのため、すでに、この段階で多くが国際標準化のプロセスを経ているともいえる。液晶や LED 技術、映像コー

デック、インターネット技術、Web技術等である。しかし、それぞれの製品を任意に選択して、デジタルサイネージシステムとして一連の動作をさせた際に、全ての組み合わせで相互運用性が確保されるわけではない。デジタルサイネージシステムとして、必要な機能や基盤について、別途、国際標準化作業が必要になる。

　国際レベルまで拡大しなくても国内だけで、という考えもあるが、もはや、デジタルサイネージを使ってプロモートする企業サイドは、海外でもそのコンテンツを同様に使うだろうし、中国企業が日本のデジタルサイネージを使ってPRを行うケースも増える。視聴者とのインタラクションで優れたアプリが開発されれば、国内だけではなく世界中で売れた方がいいし、大型表示デバイス等の国際競争を上手に勝ち抜くためにも国際標準化作業が重要となっており、国内だけという考え方は基本的にはない。

　現状、デジタルサイネージコンソーシアム（DSC）を母体とする積極的な国際標準化作業が、災害時サイネージやWeb-basedサイネージといった分野を中心に世界をリードしている状況と言える。他に、北米や欧州も積極的な活動を展開しており、広大な市場と都市化を背景にデジタルサイネージとしても急成長中の中国や、韓国の動きも視野に入れながら、引き続き力強い活動が求められている。

　国際標準化活動は、主に、デジュール型とデファクト型に大別される。前者は、公的な標準化組織による活動であって、その成果は、政府が法基準を適用する際の技術的根拠に活用できる。IEC（国際電気標準会議）、ISO（国際標準化機構）、ITU（国際電気通信連合）等がある。後者は、市場での使用実績や実装普及度合いを前提として活動していく。明示的な標準化組織が存在しないこともあるが、IEEE、IETF、W3C等のインターネット分野では標準化作業のフォーラムや会議体、プロモーション団体等が多様に

形成されており、リードする関連企業等が集って運営されている。

　政府や大学等も含めて、DSC が母体となって検討したデジタルサイネージシステムの共通仕様や標準化要件等は、基本的な要求要件／アーキテクチャ等は ITU-T へ、Web-Based システム（ブラウザー等）関連要件は W3C に提案している。基本的に、両者とも 2017 年度に基本形の完了を目指している。

2-6-2 W3C での活動

　2015 年 10 月に札幌で開催された W3C TPAC 2015 では、Web と連携したデジタルサイネージの表示技術等に関する新たな要件の必要性を問題提起し、Web-based Signage BG 内で WG 設立について基本的合意を得られた。

　デジタルサイネージの中核技術の 1 つともなっている HTML5 の原案は 2004 年より Apple、Opera、Mozilla の 3 社で作業され、HTML5.0 として、2014 年 10 月に規格化となっている。改訂版は 2016 年に HTML5.1 の規格策定を完了させる予定である。従来は、インターネット上の文字情報と画像情報を PC 上に表示する手段に過ぎなかった HTML が、TV 等様々な端末上で、文字・画像・音声・映像を利用者が自由に制御する手段に発展し、デジタルサイネージシステムにとっても重要な技術となっている。

　また、W3C では 2020 年を見据えて 4 K 8 K やデジタルサイネージ等を活用し、超高精細、超高臨場感を実現するパブリックビューイングやライブビューイング等の地方創生にも資する映像配信の実現に向けた方策も検討している（詳細な活動は、3-2-5 を参照）。

<HTML5 関連の検討を行う代表的なWG>

HTML WG
⇒ 文字・画像に加え、音声・映像まで取り扱う記述言語として
バージョンアップ中。

Web Application（Web Apps）WG
⇒ ブラウザが、通信ネットワークや放送ネットワーク等を通じて
送信される制御信号を受け取り、理解する機能を規格化。

Device APIs and Policy（DAP）WG
⇒ デバイスの機能と連携するブラウザの機能開発を可能と
するために必要な仕様の策定。

Web based Signage BG ⇒新WG
〔2012年4月設置（NTT、KDDI、三菱電機、yahoo、NEC、
Opera、ニューフォリア、ブラウンホーファー、サムスン等）〕

Web and Broadcasting BG
〔2012年3月設置（NHK、民放キー局5社、WOWOW、KDDI、
トマデジ、BBC、サムスン等）〕

図 2-6-2　W3C の HTML5 および Web Based Signage BG の構成

2-6-3 ITU での活動

　国連の標準化組織である ITU-T における、日本発信によるデジタルサイネージの「デジュール標準」により規格を策定する作業は、DSC が中心となって 2011 年 3 月からスタートしている。この後、大震災を経ることとなるが、デジタルサイネージに対する期待の高まりもあり、緊急時のデジタルサイネージ活用等の国際標準化が大きなテーマとなる。2012 年 6 月には、政府より「リッチコンテンツ戦略とリッチコンテンツデバイス連携技術の研究開発・標準化が必要との観点で、デジタルサイネージに関する研究開発を実施し、災害時、緊急時の運用要件、システム・機器の信頼性要件等について 2015 年までに国際標準へ反映すべき」との要請もあった。

　これを受けて、DSC では、すでに勧告された「H.780」デジタルサイネージのフレームワークに続けて、災害時対応サイネージ、

および、インタラクティブサイネージに関する新提案についても議論を進め、災害時対応については、2014年札幌で開催されたSG16会合で「H.785.0 デジタルサイネージの災害情報サービスに関する要求条件」の勧告化承認を得ることに成功した。

現在は、災害情報サービスに関するH.785の拡充のための提案活動を行っており、海外からの訪問者への自動翻訳、高齢者のためのキャラクター変更といった個人に適応したサービス、デジタルサイネージシステムやサイネージ専用端末とスマートフォン等の視聴者端末の連携に関する要求条件を明示している。例えば、次のような機能を提示している。

①利用者端末へのコンテンツ送信
②利用者保有端末とデジタルサイネージ専用端末のコンテンツ表示の同期
③利用者端末内の利用者情報に応じたコンテンツの変更
④利用者識別ための新たな手段（ICカード等）

特に、災害時に災害情報を提供するということを明示的に示すために、画面上でのピクトグラムの表示を提案したり、デジタルサイネージシステムが視聴者端末から視聴者情報を取得可能な場合、視聴者情報に応じたコンテンツに変更できる機能を提案したりしている。また、デジタルサイネージシステムへのネットワーク障害の際に、ローカルサーバーとして視聴者端末との通信（Wi-FiやBluetooth等）を継続できる機能の必要性についても提案している。

ITUでは、国家間の調整による国際標準化作業のため、災害時等を想定した機能検討がやりやすい状況だが、内容的には、どれも、今後のデジタルサイネージシステムに対して新たなビジネスの可能性を高めるものばかりである。2020年を控える日本としては、提案した機能の実装と普及について、政府の力も活用しながら強力に進め、世界のデファクトスタンダードとしてのポジ

ションも明確に獲得していきたいところである。

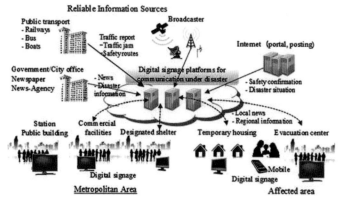

図 2-6-3 2014 年の ITU 提案時に実際に使われた災害時モデルの図

2-7 ピクトグラム

　デジタルサイネージの4つの用途分類のうち、「情報提供」や、一部の「販売促進」用途のものについては、デジタルサイネージが「利用者の目的に応える」ことによって、その意義を有効に発揮することができる。

　そのためには、まず、それらのデジタルサイネージがどこに設置されているかを利用者に知らせる必要がある（設置場所の案内）。これは特に情報提供用途の場合、設置とともに必ず検討しなければならない要素だと言える。情報提供用途のデジタルサイネージを必要とする利用者は、そもそも、その設置位置を知らない場合が多いことが想定されるからである。

　また、利用者がデジタルサイネージの前に来たときに、そのサイネージがどのような機能を持っているかをわかりやすく示すことも重要である（機能の説明）。デジタルサイネージは、表示内容が固定されているメディアと異なり、その表示内容を変化させられること、そして、利用者からの積極的なアクションに応じてインタラクティブな情報発信ができることに特徴があるが、それは裏を返せば、「今ディスプレーに表示されているものを見ただけでは」、「何を表示できるのかがわからない、どんな情報が得られるのか、どのように役にたつかがわからない」という可能性があるということに他ならない。

　上記のような「設置場所の案内」「機能の説明」という要求を満たすことは、情報提供、販売促進用途のサイネージの利用率の向上につながる。そのための有効な手段の1つが「ピクトグラム」である。

2-7-1 ピクトグラムとは

ピクトグラムは、主に公共の場において何らかの情報や注意を示すために表示される視覚記号（サイン）の1つで、主に2色の色分けのシンプルな図で意味を表現する手法を使っている。

ピクトグラムという用語になじみがなくても、おそらく誰もが下図のようなピクトグラムを目にしたことがあるだろう。

図 2-7-1　JIS Z8210（非常口・車いす・インフォメーション）

JISでは「案内用図記号」として決められており、国際標準となっているものは、ISO（国際標準化機構制定規格）に組み込まれている。

日本国内においてピクトグラムが使われ始めたのは、1964年の東京オリンピックが契機であり、1980年以降広く使われているが、2020年に向けて、関係団体等で標準ピクトグラムの見直し・追加策定が進行中である。

ピクトグラムは、言語を使わず直感的に、(1)ある用途・機能の施設、設備等の場所を案内する（駅構内図における車椅子対応トイレの位置案内等）、(2)これはどういう用途・機能のものなのかを説明する（車椅子対応トイレの扉に車椅子のピクトグラムを掲示する等）、(3)注意事項や操作方法を掲示する（禁煙のピクトグラム等）といった目的を実現することができる。言語を使わないことから、外国人向けの案内としてもふさわしい。

2-7-2 デジタルサイネージに必要なピクトグラムと掲示のルール

　デジタルサイネージについても、前述のようにピクトグラムが有効だが、デジタルサイネージそのものが比較的新しい概念であるため、専用の標準化されたピクトグラムは2016年3月時点では存在せず、デジタルサイネージコンソーシアムでは、2015年から、公益財団法人交通エコロジー・モビリティ財団などとも連携しながら、デジタルサイネージのための標準ピクトグラム策定を進めている。

　デジタルサイネージとして必要な、あるいは今後必要になるであろうピクトグラムには、例えば下記のようなものが考えられる。

設置場所の案内

A　情報提供サイネージの設置場所を示す
B　多言語による情報提供サイネージの設置場所を示す
C　災害時等の緊急情報が配信されるサイネージの設置場所を示す
D　パブリックビューイングサイネージの設置場所を示す

機能の説明

E　このサイネージはタッチ操作で情報を提供する
F　このサイネージは多言語対応である
G　このサイネージはモバイル機器やICカードと連携する
H　このサイネージは災害時等に緊急情報が表示される

　上記の中には、場合によっては必ずしもデジタルサイネージに特化したピクトグラムでなく一般的なピクトグラム(「インフォメーション」等)で代用できるものもあり、また、デジタルサイネージの設置場所(駅構内、大規模商業施設内、特定の公共施設内など)における標準化に従うべきケースもある。

重要なのは、設置場所全体におけるデジタルサイネージの役割・位置付けを整理した上で、利用者のニーズに沿って最もわかりやすい掲示を選択すべきだということである。

具体的な掲示位置などのルールについては、可能であれば設置場所のグランドデザインの時点で、ピクトグラムの掲示方法も含めて検討するのが望ましい。

また、「機能の説明」のためのピクトグラムについては、デジタルサイネージ筐体付近あるいは画面内、あるいはその両方に掲示することになるが、以下のような点にも注意する必要がある。

・設置場所の利用者動線から、当該デジタルサイネージが目に入る時点で見やすい位置とサイズであるかどうか。
・当該デジタルサイネージを操作する姿勢で見える位置であるかどうか。車椅子での利用者にも配慮されているか。
・機能を説明するピクトグラムを複数掲示する場合には、それらが認識しやすくまとめて掲示されているかどうか。

デジタルサイネージに関するピクトグラム掲示については、今後、デジタルサイネージコンソーシアムでのガイドライン制作等も予定されているので、適宜参照されたい。

2-8 モーショングラフィックス

モーショングラフィックスは一般的な解釈として「従来の静止画としてのグラフィックスデザインに動きを加え、映像の形態を採った視覚表現である」と言われている。シンプルなグラフィックとテキストでコンセプト説明、チュートリアル、インフォグラフィックなど、見てわかりやすいコンテンツを制作するのに有効な手法である。近年 Web 用動画コンテンツとして、企業は広告的なものだけではなく、よりユーザーに寄り添った実用的コンテンツをつくる傾向が強くなってきており、「低コストに抑えたいが多くの人に何かを伝えたい」というニーズにもマッチしている。

もちろん、デジタルサイネージのコンテンツとしても親和性が高いので、デジタルサイネージを見てもらうためにという視点と、将来的な展望という視点からモーショングラフィックスについて説明していく。

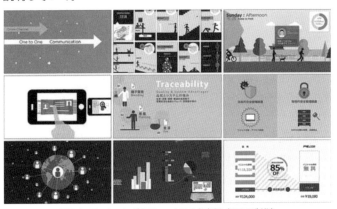

図 2-8 モーショングラフィックスの参考例（TO-FU 制作）

2-8-1 モーショングラフィックスのメリット

メリットとして「記号化」「時間軸」「非言語化」の3つのキーワードについて説明する。参考として、図 2-8-2 の動画 https://vimeo.com/24302498 を参照いただきたい。

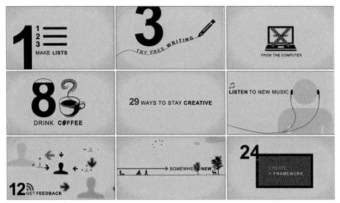

図 2-8-1 「29 WAYS TO STAY CREATIVE」TO-FU 制作

「記号化」は、直感的に理解できるグラフィックに徹底的に落とし込むことである。デジタルサイネージのようなプッシュ型のメディアでは情報量が多すぎるとコンテンツが散漫になる。余計な情報を排除し、伝えたいことを誇張するなど、グラフィックを簡略化して情報を絞れば、ビジュアルによってストレートに伝えることができる。

「時間軸」とは、モーショングラフィックスは時間を持ったグラフィック集合体ということである。つまりコンテンツにストーリーをつくることができる。1画面に情報を詰め込むと、情報量が多すぎてどこから見ればよいかわからない。そこで時間を伴ったストーリーをつくることで、一度に目にする情報は少量で済み、コンテンツの内容を自然に理解する流れを作ることができる。グラフィック要素が大きくなったら拡大や増加を表したり、他にも

スピード、長短、強弱など、時間軸を持つことでビジュアル化される表現の幅は格段に広がる。また、ディスプレーの枠内だけでコンテンツを見せるのではなく、動きがあることで枠外にも飛び出すようなダイナミックな構成とすることで、デジタルサイネージのコンテンツをより魅力的なものにすることができる。

「非言語化」は、「記号化」「時間軸」ともリンクするが、言葉に頼らずグラフィックのみで伝えられるということである。つまり、中性化されたグラフィックは国籍や年齢など関係なく、誰にでも直感的に伝わるコンテンツになりうるということだ。これからはデジタルサイネージのコンテンツとして、不特定多数の外国人に対して、言語によって切り替えるのではなく、1つのビジュアルだけで伝えることが可能になるかもしれない。

先ほど紹介した動画「29 WAYS TO STAY CREATIVE」は、この3つのキーワードを体現しており、世界中で爆発的に閲覧されることに成功した。公共的なデジタルサイネージのコンテンツとして、動的なピクトグラムのようなコンテンツの需要も今後高まってくると思われる。

2-8-2 デジタルサイネージコンテンツ効果的実例

モーショングラフィックスの効果的な実例としては、JR名古屋駅中央コンコースの100面ディスプレー「シリーズ・アド・ビジョン名古屋」(図 2-8-3) がある。長さ約200mに及ぶコンコース内に一直線に並ぶ25本の柱2列の表裏に各2面ずつで、合計100面のディスプレー空間である。柱列は離れた位置にあるので、実際に目視できるのは対面する25面のディスプレーになる。基本的には広告が放映されているが、その合間に流れる環境演出として、モーショングラフィックスが使われている。この連続したディスプレーを効果的に見せる方法として、各ディスプレーの映

像を少しずつ時間がずれるように放映して位相差の効果を狙ったり、コンコースという人が歩くロケーションの特徴を活かして、歩く動きに追従するなど、空間に合った見せ方をしている。このようにディスプレーの設置環境に合わせてコンテンツを制作できるのがモーショングラフィックスの１つの強みである。空間演出としてもっと複雑な複数ディスプレー空間が増えてくることが予想されるので、設計段階からのコンテンツ計画において、モーショングラフィックスデザイナーの役割も重要になってくると考える。

図 2-8-2　シリーズ・アド・ビジョン名古屋

2-8-3 将来に向けて

　近い将来、都市空間にはさらに映像が増えることが予想され、デジタルサイネージも広告を放映するだけでなく、サインとしての役割や環境演出の役割も担うことになると思われる。つまり都市空間を構成し、もっと意味を広げれば都市の風景を創り出す重要な役割をコンテンツが担うことになる。ということは、コンテンツ制作にもより空間的、建築的な思考やスキルが必要になるのではないだろうか。

現在デジタルサイネージのディスプレーと都市空間は、まだ乖離しているように思われる。将来的にデジタルサイネージと都市を結びつけ、周囲に溶け込むような空間、または風景を創り出すインターフェイスとしてモーショングラフィックスが重要な役割を担うことを期待したい。

3．近未来のデジタルサイネージ

　デジタルサイネージというと広告と販促だけをイメージしがちである。しかし実際にはもっと広い概念で、家のテレビ以外のあらゆる場所にある全てのディスプレーやプロジェクターをデジタルサイネージとカテゴライズすることによって、既存の概念にはとらわれない利用の可能性が見えてくる。
　この章では、こうしたデジタルサイネージの未来に向けた様々な取り組みや事例を、総務省を中心とした動きや、Web やネットの世界との関わり方で見ていく。

3-1 2020年の市場展望

3-1-1 デジタルサイネージ市場に係る新たな動向

　デジタルサイネージに用いられる大型画面について、近年、市場の変化があわただしくなっている。一般家庭向けのテレビ市場における60インチ以上の大画面で、4K対応がすでに売れ行きの主流となっており、北米等の予測でも、2020年にかけて急激に4K画面が普及する見通しとなっている。また、これまで、デジタルシネマ用の4Kプロジェクターが映画館を中心に徐々に浸透してきているが、2016年以降は、参入メーカーが一気に増えて、ラインナップが豊富になりそうだ。これらは、4台を組み合わせて8Kプロジェクターにも展開可能である点が注目される。4K化の流れは、コンテンツ分野にも波及して、2020年までの間の大きなトピックとなることが予想される。

　一方、8K屋外大型画面の可能性が高まり、登場も早まりそうだ。つい数年前までは、LEDメーカーによる独自調整技術が必要で、メーカーが存在する中国等に依存するしかなかった。しかし、ここに来て、日本側でLEDを輸入して設置調整・オペレーションまでできるように準備が整ったようであり、業界筋によると、2018年には国内10箇所程度にオープンする可能性もあるという。これらの4K8Kの盛り上がりはODS（Other Digital Stuff/Source）の新たな動向を刺激しており、これがデジタルサイネージシステムにも影響するようになりつつある。映画や演劇等ライブ会場からのHD映像をブロードバンドで別の場所にある映画館のスクリーンに中継し、そちらでも収入を得るという方式で始まったものだが、最近では、専門事業者の積極姿勢もあり、EXILE、BABYMETAL等による成功モデルが広がっている。ここから、4K8K画面への需要が高まっており、大都市部以外の地方でも公的

文化施設内の大画面で、4K対応への改修投資が進むといった動きに波及している。今後は、スマートフォンやICデバイスを活用した電子チケットの活用や、それと大画面との連携についても様々な仕組みが開発されていくことが予想され、その普及は、屋外の大画面をもビジネスモデルに組み込んだ流れとなる可能性が高い。

　最後に、2020年に向けて、インバウンド期待もあってビル建設市場が活発化している点が注目される。建設受注残の状況をみると、しばらくは高原状態で続くものと見られ、オフィス、商業・ホテル、公的施設等、あるいは、最近は高層住宅でも低層部には飲食商業施設が入るため、デジタルサイネージシステムの導入は、相当の画面数で進むこととなる。2021年以降のギャップが懸念されるところだが、設備工事としては後半からであるので、2017年頃より、実際のデジタルサイネージ市場への直接的影響が出てくるはずだ。

　以上のように、デジタルサイネージ市場を見通すにあたって、注目すべき動向が増えつつある。次々と、新しいシステムが斬新なサービスとともに登場しているが、その流れは着実にネットワークによるコンテンツの配信、および、プラットフォーム、プレーヤー、コンテンツ製作・流通といった新しい機能の増強を伴っており、非デジタルサイネージを、急速に置き換えている。

3-1-2 2020年のデジタルサイネージ市場規模推計

　国内のデジタルサイネージ市場は今後どの程度成長していくのか。ここでは、前述した近年のデジタルサイネージの新たな動向や2020年に向けての環境変化を読み込みながら、今後のデジタルサイネージ市場規模を予測する。

【デジタルサイネージの成長シナリオ】

　今後のデジタルサイネージの市場規模を予測する上で重要な要素としては、①小規模〜中規模のデジタルサイネージの数量的普及、②様々なロケーションにおける4K8K等の超高精細映像大画面の導入や利用シーンの拡大、③家庭・パーソナル市場（新たなデジタルサイネージ）の開拓、の3つが挙げられる。これらは、表示端末のみならずシステム関連コストの低廉化、コンテンツを管理するソフトウェアやシステムに係る機能の高度化・信頼性の向上、デジタルサイネージのオンライン化トレンドとそれを支えるブロードバンド環境の進展、などを背景に急速に進むと考えられる。

　①については、すでに多くの導入が見られる屋外広告用の大型ディスプレーや、駅・商業施設・大規模オフィスエリアなどにおけるビジョンに加え、今後は多くの小売店舗、娯楽施設、自治体等の公共機関・施設などにおいてデジタルサイネージがますます普及し、設置拠点（端末）数が飛躍的に伸びていくと考えられる。その結果、②に挙げたように、多種多様なロケーションにおいて、映像系広告ビジネスや販売促進・情報提供などをはじめ、あらゆる活用シーンの展開が期待される。また、ここでは、大型液晶等で主流となる4Kによる大画面が各地の教育文化施設や医療施設等にも普及する。

　③については、家庭内に普及するタブレットやOTT端末、それらと連動するスマートテレビ等の大画面が、家庭向けサイネージ・パーソナルサイネージの実現を加速させるとともに、新たなビジネスモデルやサービスモデルが加速的に生み出されていくと考えられる。

【2020 年には 9 千億円市場】

これらの要素を踏まえつつ、デジタルサイネージに係る「システム関連市場」および「広告・コンテンツ関連市場」の 2 区分で市場規模の予測を行った。「システム関連市場」には、デジタルサイネージの表示端末や STB、タブレット端末などのハードウェア、それらを活用したデジタルサイネージシステムやネットワーク構築・ソリューション、デジタルサイネージ上でのコンテンツ配信に係る配信運営費用等を含む。

また「広告・コンテンツ関連市場」には、デジタルサイネージの重要な役割の 1 つである広告メディアとしての広告収入（広告掲載料）、企業等の販売促進費等に係るコンテンツ制作費等を含むものとした。

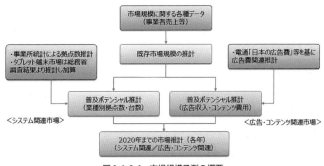

図 3-1-2-1　市場規模予測の概要

市場規模予測の概要は、図 3-1-2-1 のとおり、既存の市場規模の推計値と、将来の普及ポテンシャルとなる市場規模の予測値を基に、各年の市場規模を算出した。デジタルサイネージ市場の市場規模は、図 3-1-2-2 のとおり、2014 年の 1,027 億円から、2020 年には 8,964 億円まで成長することが予想される。そのうち、システム関連市場が 3,771 億円（全体の 42%）、広告・コンテンツ関連市場が 5,193 億円（全体の 58%）となっている。

従来、表示端末やシステムの販売構築を主としたシステム関連市場がデジタルサイネージ市場を牽引してきたが、今後は、拠点（端末）数の増加により拡大するものの牽引力は低い。また、ネットワーク型サイネージが占める割合が高まり、クラウド型サービスの拡大（配信運営収入の増大）が期待される。さらに、政府が掲げるブロードバンドインフラ整備（固定系・モバイル系）の目標に向け、インターネット環境は着実に向上し、デジタルサイネージの新たな媒体となる家庭内のタブレット端末やスマートテレビ等がシステム市場を牽引する。

　一方、今後デジタルサイネージ市場の鍵を握るのは、これらのシステムの上で展開される広告・コンテンツ関連市場である。同市場は、2020年時点で、デジタルサイネージ市場全体の6割を占めるまでに成長すると予想される。デジタルサイネージのネットワーク化の進展により、広告アグリゲーター等の参入や、インターネット広告から派生した行動ターゲティング広告などがデジタルサイネージ上でも展開される等、スマートフォン等との連携が可能な屋外広告（アウトオブホーム：OOH）市場が今後拡大し、デジタルサイネージはその重要なメディアとして役割を担う。

　また、デジタルサイネージを活用した企業の販売促進も今後も着実に普及し、POP（店頭販促）広告の大きな割合を占めるであろう。加えて、前述した家庭向け・パーソナル系端末（タブレット、スマートフォン等）の普及により、既存のフリーペーパー・フリーマガジン市場がデジタルサイネージ上で拡大していくことが想定される。すでに、タブレット端末向けのフリーマガジンのアプリケーションが多く提供されており、今後パーソナルサイネージの普及によってこうした紙媒体の広告市場の代替が進む。

図 3-1-2-2　2020年デジタルサイネージ市場規模の予測（三菱総合研究所）

　さらに、スマートフォンやカードのICデバイスとの連動や、インタラクティブなデジタルサイネージの実現が、広告効果を高め、デジタルサイネージ上の広告・コンテンツビジネスに革新性をもたらすはずである。

　日本では、デジタルサイネージがキーワードとして認知され始めてからまだ日は浅く、日本特有のデジタルサイネージ産業構造やビジネスモデルを背景に、その市場は狭義に捉えられがちである。しかしながら、その潜在性は大きく、今後のデジタルメディア時代において重要な役割を果たすことは間違いない。先行する米国において、デジタルサイネージ業界がまさに革新期を迎えており、様々なサービスが登場しているなど、今、デジタルサイネージは大きなパラダイムシフトの中にある。日本のデジタルサイネージ市場においても、今後同様の流れを受ける蓋然性は高く、日本の優位性を活かした「新たなデジタルサイネージ」の幕開けが期待される。

3-1-3　4K8Kによるデジタルサイネージ

　今後のデジタルサイネージシステムに変革をもたらす技術とし

て4K8Kに代表される超高精細映像大画面がある。期待される応用分野である広告市場については、デジタルサイネージシステムとスタジアム向けディスプレー市場を対象として参考推計を行った。

駅ナカなどビジネスモデルが成立している拠点を中心に、60インチ以上の大画面ディスプレーにおける高精細化の進展が予想される。特にテレビ向けディスプレーとの共用やシステム機器の低廉化が進み、4K8Kコンテンツの整備とともに高精細映像の利用が加速するものと推察される。

コモディティ化が進むテレビ市場においては、メーカーの高付加価値化戦略と4K8K放送開始が相まって、2020年時点で60インチ以上は100%、50インチ以上は約50%が4K8Kディスプレーになると想定した。また、60インチ以上については、2017年より8Kディスプレーの本格投入が始まり、2020年には60インチ以上の約70%は8Kディスプレーになると想定した。

一方、オリンピックやワールドカップの開催、4K8K放送の開始を契機として、収容人員数の多い主要なスタジアムを中心に高精細スクリーン需要の拡大が期待される。世界のスタジアム11,832拠点のうちの北米2,881拠点での動向を参照しつつ、2020年にかけて約25%に4K8Kディスプレー(LED)が導入されると想定した。そのうち、2017年以降から20%を8Kが占めると仮定した。

以上により、2020年のわが国におけるデジタルサイネージの4K8Kシステム市場を2,500億円、そのうち、スタジアム向けディスプレー(LED)の4K8K市場を300億円と推計した。なお、推計作業のベースや条件には、ある程度の整合性を持たせているので、2020年のシステム関連市場3,771億円のうちに、4K8Kの2,500億円が含まれるという見方も可能である。

3-2 2020年に向けた新トレンド

ではデジタルサイネージの近未来、2020年にはどういう市場が形成され、どういった利便性が人々に提供されているのだろうか。また災害時などにおいて、デジタルサイネージはどういう社会的な貢献ができているのだろうか。こうしたデジタルサイネージの近未来に関しての、一つの指針になっているのが総務省が2015年7月に公開した「2020年に向けた社会全体のICT化アクションプラン（第一版）」である。このアクションプランは今後も継続して検討が加えられ、更新されていく予定である。

http://www.soumu.go.jp/menu_news/s-news/01tsushin01_02000158.html

このアクションプランは、2020年東京オリンピック・パラリンピックを契機にして、日本のICTのインフラおよびサービスの高度化を図ることにより、最先端のICTを世界に発信する絶好の機会として期待されている。アクションプランには、分野ごとに「いつまでに、誰が、何をするのか」という工程が明確に示されており、さらに、利用者の視点に立ち、分野ごとの施策を横断的に組み合わせることで利用者が利便性を具体的に感じられるサービスの実現に向けた施策が明記されている。

具体的な内容は次の8つの分野である。

(1) 無料公衆無線LAN環境の整備促進
(2) ICTを活用した多言語対応の実現
(3) デジタルサイネージの機能の拡大
(4) 4K8Kの推進
(5) 第5世代移動通信システム（5G）の実現
(6) オープンデータ利活用環境の整備（公共交通情報等）
(7) 放送コンテンツの海外展開の促進
(8) 世界一安全なサイバー空間の実現

デジタルサイネージについては、「デジタルサイネージ機能の拡大」として、次のようにまとめられている。

図 3-2-1　アクションプランにおけるデジタルサイネージに関する部分

要点は、
・災害情報やオリンピックに関する情報を一斉配信する機能
・外国人に観光情報などを多言語で提供
・4K8K によるライブビューイングやパブリックビューイングビジネスの拡大の 3 点に集約される。

また前述の 8 分野を具体的に推進するために、分野横断的なアクションプランの考え方及び具体策として
(1) 都市サービスの高度化の推進（おもてなし IC カードへの取組）
(2) 高度な映像配信サービスの実現
　が規定されている。

Ⅰ．都市サービス高度化の推進

（参考）サービスイメージ（例）
1) 災害時等緊急時において、災害情報、避難所情報、交通情報、避難経路等をデジタルサイネージとスマートフォン等を連携させて安全に誘導。
2) 空港等で、個人の属性情報を登録し、自分の行き先、買いたい物、旅行したい事等の情報のアプリが入手可能。
3) ホテル等宿泊施設のチェックイン、パスポートのPDF化、公共競技場や美術館 博物館等の入退館管理
4) 主要観光地やショッピングモール等におけるデジタルサイネージで利用者の属性（言語等）に応じた情報提供、Wi-Fi等のシングルサインオンのアプリの一手段の活用等（例：自国語での言語表示、障がいに応じたバリアフリーマップの提供、割引クーポン等の発行 等）
5) タクシーで話さなくても、読み取り機にかざせば事前に登録しておいた行き先を表示。
6) オリンピック会場周辺のショップ、レストラン等で多言語等表示、買い物可能、スタンプラリー等が可能。
　（例：ハラル情報等が表示され安心して食事、提携ショップ等で日本の名産などを販売により地域への関心を持ってもらう

図 3-2-2　具体的なユースケースを生活動線上で実現させる

Ⅱ．高度な映像サービスの実現

◎4K・8Kデジタルサイネージ等を活用し、超高精細映像技術に加え、超高臨場感な体感を実現できる新たなエンターテインメント市場や、BtoBでの映像配信市場の創設。

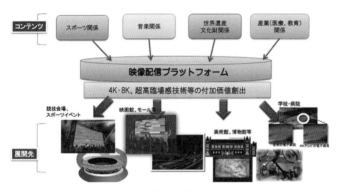

図 3-2-3　パブリックビューイング／ライブ・ビューイングの実現イメージ

　８分野全てに対して分野横断的に幅広く利用される、もしくはつなぎ合わせる役目を果たすことになるのがデジタルサイネージ

なのである。そしてこれらのプランの実現を加速させるために、2016年度にいくつかのエリアでの実証実験を行うことになっており、総額で6億5千万円が計上されている。これらはまた、次年度以降も検討されるはずである。このアクションプランは、いわば日本のICTにおける当面のバイブルとも言える位置づけであり、デジタルサイネージはその中心的な存在である。

3-2-1 緊急災害対応

東日本大震災における帰宅困難者への情報提供の実績などを契機にして、緊急災害時におけるデジタルサイネージが、メディアとして一定の価値があることが強く認識をされた。その後デジタルサイネージコンソーシアム（DSC）で取りまとめた、「災害・緊急時におけるデジタルサイネージ運用ガイドライン」は、関係省庁や政府、オリンピック組織委員会の検討において、1つの明確な方向性を示した。同ガイドラインはDSCのWebサイトからダウンロードすることができる。

緊急時には、本人の意思とは無関係に情報を取得できるメディア特性は重要な意味を持つ部分がある。津波が来るなどとは思いもよらない人は、テレビもラジオもネットにもアクセスはしないからだ。こうした緊急災害情報の提供実施には課題も多い。情報源、配信システム、電源とネットワーク、そして配信運用できる人的な体制が発災時に確保できている必要があるからだ。

これらの情報源としては国が進めている「Lアラート」がある。Lアラートとは、（一財）マルチメディア振興センターが運営する、災害などの住民の安心・安全に関わる情報を迅速かつ効率的に伝達することを目的とした、新たな情報流通のための基盤のことである。地方公共団体やライフラインなどが情報を提供し、放送事業者や携帯電話事業者、ポータルサイト、新聞社などが情報を伝

達する社会システムである。Lアラートとデジタルサイネージの相互接続に関しては、総務省、マルチメディア振興センターとDSCで検討を進めている。接続に関してはファイルフォーマットや配信形式の違いから、そのままでは接続できないことがわかっており、これに対する複数ある解決方法について検討中である。これは導入時と運用にかかるコスト負担方法が議論の中心である。

　前述のアクションプランを踏まえて、2016年度中にはLアラートとデジタルサイネージが接続できる共通基盤の整備が始まる予定である。

　またLアラートは、すべての自治体が情報を提供しているわけではない。自治体によってはLアラートとは異なる独自のやり方で災害関連情報を提供している例も多い。これらは防災行政無線や、エリアメールと連携しているケースも多く、きめ細かく運用されている例もある。こうした自治体独自の形式の場合は、仮にLアラートよりも活用されていたとしても、デジタルサイネージ側から見ると接続形式が標準化されていないので個別対応となる。

　またある程度広域な災害情報を提供することもデジタルサイネージには重要な利用方法であるが、さらにもっとピンポイントな情報として、その場所における火災発生や避難誘導のような情報の提供も、極めて重要な役割である。自動火災報知設備とデジタルサイネージの連携については、今後消防庁や関係団体とともに検討が進められていくだろう。

3-2-2 多言語対応

　総務省の「2020年に向けた社会全体のICT化アクションプラン」では、対応8分野のうちの2項目めに、「ICTを活用した多言語対応の実現」が挙げられている。この分野のより具体的な目標

としての表現は、「世界の『言葉の壁』をなくしグローバルで自由な交流を実現する『グローバルコミュニケーション計画』を推進する」ということである。

また、3項目めのテーマはまさしく本書のテーマと重なる「デジタルサイネージの機能の拡大」であるが、3-2で述べたように、その要点のうちの、「災害情報やオリンピックに関する情報を一斉配信する機能」「外国人に観光情報などを多言語で提供」には、前提として「多言語対応」がある。さらに、8分野を具体的に推進するために、分野横断的な具体策の1項目めに挙げられている「都市サービスの高度化の推進（おもてなしICカードへの取組）」は、日本を訪問する外国人へのICカード配布を視野に入れたもので、このことも多言語対応として意識すべきことである。

そもそもデジタルサイネージは、公共の場での情報提供シーンにおいて活用できるポテンシャルを持っており、特長として表示内容を随時切り替えることができることから、まさに「多言語対応」の分野を実現するツールとして大きく期待されるものだと言えよう。

この項では、上記の観点を踏まえたデジタルサイネージの多言語対応について、留意すべき点などを述べる。

(1) デジタルサイネージの多言語化の必要性と対応の視点

1-2利用目的分類の中で言及した情報提供用途サイネージが公共の場に設置されるにあたっては、日本語による情報提供のみならず、訪日外国人旅行者や、国外からの留学生や技能実習者を始めとする外国人在留者、また外国人定住者や永住者に向けての情報提供を行う必要がある。少なくとも、災害時緊急情報などは、多言語対応が必須と言えるだろう。販売促進用途サイネージも、外国人利用者を視野に入れるなら同様の対応が必要である。

またデジタルサイネージが、複数の利用者から同時に視聴される可能性のある媒体であることから、デジタルサイネージの多言語化は、単に日本語以外の言語利用者への利便性の提供という視点だけでなく、「世界に開かれた日本」、「世界の中でグローバルで自由な交流を進めていく日本」という先進的スタンスの視点からも考えるべきテーマである。

例えば、外国人から道を尋ねられたときに、近くに近隣情報を提供できるデジタルサイネージがあれば、それを利用して道案内ができるなど、デジタルサイネージの前で多言語による豊かなコミュニケーションが実現できるといった利用シーンが想定できる。そのためには、デジタルサイネージの多言語化にあたり、異なる言語間のコミュニケーションをサポートし、多言語化が外国人を迎える日本人にとっても便利で心地よい機能となるように留意すべきであろう。

また、デジタルサイネージを外国人が利用する場合、日本人の利用者以上に操作方法に精通していないことは想像に難くない。できる限りの操作方法の標準化が期待されるが、より多くの利用者がスムーズにストレスなく利用できるように、言語選択にICカードを利用したり、デジタルサイネージで得た情報を基に、より詳細な情報は個人のモバイル端末に連携する等の工夫が必要である。

これらについては、2-3-3 多言語対応サイネージのUIでポイントを述べているので、併せて参照されたい。

(2) 対応すべき言語の種類

多言語化に際して、対応すべき言語の種類は、まず英語、続いて韓国語、中国語（簡体）、中国語（繁体）などが考えられるが、必ずしもそれらに固定することなく、設置場所や対象者に応じて

適切な言語を選択すべきである。前述のアクションプランでも、対応言語の順次拡大について述べられているが、今後設置される多言語対応サイネージでは、言語の拡張が可能な仕様にすることが望ましい。

(3) コンテンツの多言語化手法

多言語化に際して避けて通れないポイントについて、以下に述べる。

・文字情報の多言語化

文字情報の多言語化の方法は、大きく分けて、(1)予め各言語に翻訳した文字情報を用意する方法と、(2)自動翻訳を使用する方法とがある。総務省のアクションプランは、音声自動翻訳の実用化をテーマにしており、テキストの自動翻訳は、すでに民間でさまざまなサービスが提供されている。

自動翻訳は、自動翻訳サーバーを利用して、つど翻訳を行う方法で、コンテンツの追加・変更の際も翻訳費用・対応時間ともに圧縮できるメリットがある。

自動翻訳の精度は今後さらに向上すると考えられるが、デジタルサイネージでの自動翻訳採用可否は、伝えようとする情報に求められる精度や、翻訳の元になる文（通常は日本語）を自動翻訳に向くものにできる体制かどうか等によって判断する必要がある。例えば、予め表示内容が決まっている緊急時対応の説明などには、自動翻訳を使用するべきではないだろう。そして、情報の種類にかかわらず、自動翻訳を使用する場合は、「自動翻訳である」旨の表記を付けるべきである。

また、翻訳サーバーからの結果を取得するために、若干のタイムラグが生じる点にも注意が必要である。

なお、翻訳手法にかかわらず、同じ文字数で伝えられる情報量

は言語によって違いがあり、日本語 10 文字が伝えられる情報量は、英語 20 文字が伝えられる情報より概してかなり多い。従って、画面デザインを考える際に日本語を基準に表示領域を考えると、他の言語は表示しきれないという問題が生じる。

・地図の多言語化

情報提供用途サイネージの種類によっては、「地図」が構成要素になることも多い。その場合、地図が多言語化されていれば利用者の利便性は格段に向上するので、最低限英語化された地図を用意すべきである。

サービスに占める「地図」の比重によっては、多言語レイヤーを持ったデジタル地図サービスを使用するのが望ましいだろう。現状、対応言語数は限定されているが、例えば、日・英・韓・中（簡体）・中（繁体）・タイ語に対応しているサービスも数社から提供されている（2016 年 3 月現在）。今後、各社のデジタル地図サービスの対応言語は拡充されていくと考えられる。

（4）おもてなし IC カード

総務省アクションプランに登場する「おもてなし IC カード」は、交通系 IC カードの機能を発展させたものである。多言語対応に関係するおもてなし IC カードとデジタルサイネージの連携シーンとして、例えば図 3-2-2-1〜3 のようなものが想定されている。今後の情報提供用途サイネージ、販売促進用途サイネージの企画にあたっては、IC カードとの連携も視野に入れるべきである。もちろん IC カード連携は、多言語対応に限ったことではなく、日本人の利用者にとっても利便性の向上に寄与するものである。

「おもてなし IC カード」サービスのイメージ
「2020 年に向けた社会全体の ICT 化推進に関する懇談会報告書 アクションプラン第 1 版」より

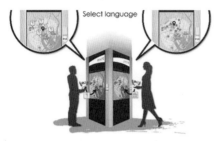

図 3-2-2-1　使用言語やブックマークに応じた案内

図 3-2-2-1、図 3-2-2-2、
図 3-2-2-3

COPYRIGHT©2015 by Ken
SAKAMURA

**図 3-2-2-2　嗜好や宗教に合ったレストランの案内メニューの
事前確認、クーポン発行**

図 3-2-2-3　海外からの旅行客の災害時支援、故郷への自動安否通報

3-2-3 スマートフォン連携

「総務省ICTアクションプラン」の中で、公共的なロケーションに設置されたデジタルサイネージの活用が、情報を一斉配信するツールとして注目されていること、また災害対応や多言語対応の機能を併せ持つことにより、「都市サービス高度化」のインターフェイスとして、重要な役割を担うことはすでに述べた。ではそのようなサービスは具体的にどのようなかたちで実現されるのだろうか。

前章の「2-2 具体的な推進手順 2-2-1 共通の留意点」で触れたように、デジタルサイネージも万能ではない。共通の情報を一斉に伝達する際にはサイネージのメリットは発揮されるが、属性（国籍）やニーズの異なる個々の利用者に対して、情報を的確に出し分けて提供することは決して得意分野ではない。

一方、スマートフォンの普及率は2014年時点で62.3%（同年末実施の総務省調査）。これは他国に比べて低い数字（米国では69.6%、シンガポール93.1%）であるが、2020年には大多数の生活者や訪日外国人旅行者がスマートフォンユーザーであると考えられる。

総務省「2020年に向けた社会全体のICT化推進に関する懇談会」では、2020年に向け、デジタルサイネージを活用して、「スマートフォン等と連携した個人の属性に応じた最適な情報提供機能を実現」するとしており、サイネージ上にその人に合った情報を表示することを想定している。具体的には、サイネージにスマートフォンをかざすと、最適な言語で交通情報や競技情報、観光案内を表示することや、サイネージが利用者のニーズをスマートフォン内のアプリから読み取って、ショッピングのガイドやバリアフリー情報等を提供する等の活用シーンが想定されている。

サイネージとスマートフォン間の連携を行うツールとして、前

述の「2020年に向けた〜懇談会」のもとに設置された「デジタルサイネージワーキンググループ」では、Wi-Fiを推奨とし、BluetoothやNFC（交通系ICカード等）、可視光通信、QRコード等をオプションとして併せて検討するとしている。これは、Wi-Fiがスマートフォンのサポート率が一番高く、また通信に標準ブラウザーが使えるために連携が容易であることを理由とする。また、スマートフォンの情報の取得においては、クラウドと連携することを一義にしながら、デジタルサイネージ端末内の情報を取得することも可能にするとしている。これは大規模災害発生時等、クラウドサーバーとの通信ができない場合でも、必要な情報提供を行うためである。

　以上、2020年に向けた「総務省アクションプラン」の中で、デジタルサイネージとスマートフォンが連携して、より高度なサービスを展開するイメージについて概要を述べた。現在でも、一部の商業施設やイベント等で、デジタルサイネージとスマートフォンを連携させた事例は少なくない。しかし、接続ツールの選択やアプリのダウンロード等、現状ではなかなか連携の仕組み自体が定着していないこともあり、2020年に向けた一連の取り組みの中で、サイネージとスマートフォンの連携のスタイルが標準化され、普及していくことは、サイネージの機能拡大という面からも極めて大きな意義を持つ。また、2020年以降も増え続けるインバウンド対応のニーズや災害等緊急時の情報伝達ツールとしての必要性を満たすレガシーとして、デジタルサイネージが果たす役割は大きい。

3-2-4 IC カード連携

　本節の冒頭「2020 年に向けた新トレンド」の項で、2020 年に向けた ICT アクションプランの柱として 8 つの項目が挙げられているが、それぞれのテーマは検討の過程で相互に重なり合う分野を持つ。例えば、(2)ICT を活用した多言語対応の実現と、(3)デジタルサイネージの機能の拡大は、多言語対応を実現し利用者に表示するツールとしてデジタルサイネージを想定する。そのために、両テーマ間の連携を図る分野横断的なワーキンググループとして、「都市サービス高度化ワーキンググループ」が設置されている。

(1)「おもてなし IC カード」の構想

　この WG では、訪日外国人が入国から移動、滞在まで一貫してシームレスに提供できるサービスの実現を目指している。またこのサービスはレガシーとしても、誰もが利便性を実感できる「都市サービス」である必要がある。

　また、2020 年までの限られた期間でコスト効果等を考慮しつつ、早期に実現するためには、ベースとするインフラの選択には以下の視点を踏まえなければならないとしている。

1) 広く普及しているサービスであること
2) 使いやすく、国民の間で浸透している既存のインフラを最大限活用すること
3) 容易で時間がかからない活用方策であること

　これらの視点から同 WG では、「スマートフォン」、「デジタルサイネージ」および「交通系 IC カード」が相互に連携するサービスの実現を想定する。

　とりわけ交通系 IC カードは、既存のインフラとして全国的に普及しており、累計発行枚数も 1 億枚を超え、地域間での相互利用も拡大している。また、スマートフォンにも NFC 機能として、

この交通系 IC カードと同様の機能を搭載する機種が増えている。この交通系 IC カードを「おもてなし IC カード」と位置づけ、カード自体またはスマートフォンに個人の属性情報（性別・年齢・出身〈言語〉・目的地・デポジット金額等）を登録し、属性に応じた情報提供がシームレスに実現するためのハブとする構想である。
※参照：図 3-2-2 具体的なユースケースを生活動線上で実現させる

(2) 目標とアクションプラン

2019 年度までに「スマートフォンやデジタルサイネージ、交通系 IC カード等と連携した個人の属性（言語等）や位置に応じた情報入手やキャッシュレスな環境を整備」するとしている。また併せて「災害時等緊急時の情報一斉配信を実現するためのデジタルサイネージの相互運用性の確保」や「観光情報や L アラート等の防災情報等、オープンデータを共通利用するための環境整備」も目標に挙げられている。

2016 年度中にはこれらの目標の実現を視野に入れた検証や一部の導入が「先行導入地域」で実施され、サービスの詳細が具体化していく予定である。なおアクションプランにおける先行導入地域の候補例としては、港区、竹芝地区、成田・幕張地区、六本木・虎ノ門地区、渋谷地区が記載されている。

2020 年に向けて、特に情報提供分野のデジタルサイネージでは、交通系 IC カードに対応するカードリーダー機能を備えた標準化が進み、スマートフォン等と連携したより利便性の高いシームレスなサービスが普及していくだろう。

ユーザーの持つカードとアプリを中心とした
多様なサービス提供チャンネル

カードのみでも道案内

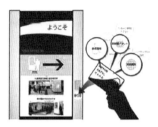

使用言語やブックマークに応じた案内

サービス現場での属性確認により
間違いのないサービス

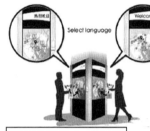

COPYRIGHT © 2015 by Ken SAKAMURA

図 3-2-4 「おもてなし IC カード」サービスのイメージ
「2020 年に向けた社会全体の ICT 化推進に関する懇談会
報告書 アクションプラン第一版」より
http://www.soumu.go.jp/main_content/000392115.pdf

3-2-5 Web-based サイネージ
(1) Web-based サイネージとは

「Web-based」は、HTML5 をはじめとした Web 技術のみでデジタルサイネージのメディアプレーヤーの機能を提供する仕組みを指す。HTML5 とは、HTML、CSS、JavaScript などの Web ページを制作する際に使われる技術の総称である。2020 年に向けて訪日外国人に対するサービスの基盤になりうるデジタルサイネージに、すでに社会インフラ化したインターネットと汎用化された Web 技術を適用することで、導入・運用コストの低減やスマートフォンなどとのデバイス連携、情報の一斉配信などを実現していくことが期待されている。

これまで、デジタルサイネージのメディアプレーヤーに相当する部分に関しては、世界的にも技術標準仕様が存在していなかった。メディアプレーヤー機器を生産するメーカーは、各社独自の仕様で機器を開発しているのが実情である。そのためメディアプレーヤーには汎用性がなく、量産効果が見込めないため機器の価格は高止まりする傾向にある。リプレースの際の新しいシステムへの移行コストも大きなものとなる。

また、デジタルサイネージといえば、静止画や動画をプレイリストに基づいて順番に再生するものが一般的であり、この一般的な利用方法に基づいてプレーヤーが開発されている事情もあって、一般的に柔軟なコンテンツデザインができる仕様になっていない。一部のシステムにおいては、インタラクティブなコンテンツをサポートしているが、コンテンツ開発技術が標準化されていないため、コンテンツ開発コストも高止まりする傾向にある。

このような状況の中で、注目されたのが HTML5 をはじめとした Web 技術だ。HTML4 から HTML5 に進化したことに伴い、実

現可能なことが大幅に広がった。そのため、デジタルサイネージのプレーヤーやコンテンツ表示において充分にその役割を果たせると期待されている。プレーヤーとしての機能だけでなく、コンテンツに関しても同じ技術で開発可能となる。Web 技術はデジタルサイネージ以外でも広く使われている技術のため、コンテンツ制作が容易になるだけでなく、旧来の静止画と動画の連続再生を超えて、よりインタラクティブなコンテンツやスマートフォンと連携したコンテンツの開発が、今後より一層加速すると考えられる。

　このような可能性のある Web 技術がこれまでデジタルサイネージに採用されなかったのは、主に機器コストの問題であった。Web 技術を採用するために必要な Web ブラウザーは、CPU やメモリーを多く消費する。安価に製造が必要な組込み機器においては、高度化してしまった現在の HTML5 対応のブラウザーを搭載するのは現実的ではなかった。しかし、近年は、同じコストでハードウェアの性能が向上し、Web ブラウザーをチューニングすることで、組込み機器でも問題無く動作するレベルになってきた。

　特に注目すべきは、ディスプレーに Web ブラウザーが内蔵された製品である。日本国内ではすでに、販売されているテレビすべてに HTML5 対応ブラウザーが内蔵されている。これをサイネージ端末として応用できれば、ディスプレーと Web ブラウザーがセットになっていることで、セットトップボックスのような外部機器は不要になり、その分トータルコストが下がることが期待される。また接続機器が減るということは、故障ポイントが減ることも意味する。2015 年夏にはソニーから、2016 年春にはパナソニックからも Web-based サイネージ対応ディスプレー製品が発売されている。

Web-basedサイネージに期待されている領域は、当面は屋内向けだろう。デジタルサイネージ市場の拡大において、店舗内サイネージやオフィスサイネージはまだまだ成長の余地がある。

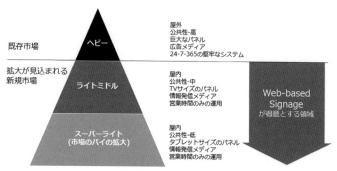

図3-2-5-1　Web-basedサイネージが得意とする領域

(2) W3Cにおける標準化

　ブラウザーで使われるWeb技術の標準化団体W3C（World Wide Web Consortium）でも、Web-basedサイネージを実現するために必要な要件などの検討が始まっている。

　2012年にはWeb-based Signage Business Group（以下BG）が設立された。日本企業からは日本電信電話（NTT）、博報堂DYメディアパートナーズ、東芝、KDDI、ニューフォリアが参加した。BGが最初に取り組んだのは、ユースケースと要件の議論だ。この議論の成果として「Web-based Signage Use cases and Requirements」という文書を発行した。

　その後、BGでは「Architecture and Requirements for Web-based Signage Player」と呼ばれる文書を発行している。この文書には、Web技術でデジタルサイネージコンテンツを再生するために使うべき技術と方法、そして、Web-basedサイネージ対応端末搭載ブラウザーに求められる機能について書かれている。

W3C では年 1 回、TPAC（Technical Plenary / Advisory Committee Meetings Week）と呼ばれる総会が開かれ全会員が集合するが、2015 年秋には札幌で TPAC 2015 が開催され、BG の会合では次のテーマである技術仕様の標準化のための Working Group の設立について検討した。2016 年夏頃には Working Group 設立の手続き、そして具体的な API 仕様書作成が行われ、Web-based サイネージの標準化作業が本格化する予定だ。

(3) Web-based サイネージの仕組み

　Web-based サイネージ端末は、HTML5 対応ブラウザーのみが搭載されていればよい。

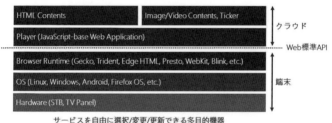

図 3-2-5-2　Web-based サイネージ端末のアーキテクチャ

　プレーヤー、コンテンツ表示を制御するプレーリスト、コンテンツそのものは、すべてクラウドからダウンロードする。すなわち、Web-based サイネージは、仕組み上は通常のウェブページやウェブアプリケーションとまったく同じだ。クラウド側でプレーヤーを差し替えることで、同じ端末でどんな形態のサービスにも変更可能だ。

　Web-based サイネージのシステム構成の一例として、Web Socket と呼ばれるリアルタイム通信に優れた通信技術を使うことも想定される。Web Socket は、HTTP と異なり、常時接続を前

提とした双方向通信を実現する。そのため、例えば、稼動監視のポーリング、表示タイミングを全端末で合わせるためのクロック調整、コンテンツの差し替えといった命令、緊急メッセージ割り込み対応などが想定される。

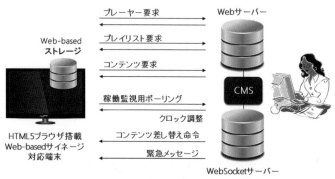

図 3-2-5-3　システム構成例

(4) 未来への期待

以上のように、Web-based サイネージは、機器の汎用化、導入・運用コストの低減化、外部機器やスマートフォンなどとのデバイス連携を推進し、またコンテンツ開発を容易にすることで、デジタルサイネージに新しいイノベーションをもたらすことが期待される。これまでの電子看板を中心とした利用シーンから、IoT や O2O とも交わり、ビッグデータや AI を取り込んで、未来の人々の生活を支える情報基盤へと、デジタルサイネージを進化させていく。

3-2-6 ソーシャルメディア連携

　デジタルサイネージのコンテンツとして、ソーシャルメディアを活用する事例が増え始めている。事例 1-1-5 グランフロント大阪の「コンパスタッチ」は先進的な事例といえるだろう。ソーシャルメディアは、インターネット接続を前提に、発信された映像・音声・文字情報を、多数の人々や組織の双方向の会話に変えるもので、ブログ、ソーシャル・ネットワーキング・サービス（SNS）、画像や動画の共有サイト、通販サイトのカスタマーレビューなど多彩な形態がある。

　デジタルサイネージにおけるソーシャルメディアの活用を実現しているのは、3-2-5 で述べた Web-based サイネージであり、ソーシャルメディアの活用は、デジタルサイネージ導入を検討する企業の大小を問わず注目できる。そのメリットは以下のようなものである。

(1) コミュニケーション手段の統合

　顧客へのメッセージやイメージを訴求する場合、様々なメディアを連携させ、各メディア特性を考慮してイメージやメッセージをマネジメントすべきである。特にソーシャルメディアでの展開は、顧客に直接話しかけるという意味で、今では重要なメディアチャネルの 1 つとなっている。デジタルサイネージをソーシャルメディアと連携することで、ソーシャルメディアが店舗などの「リアルな場」と連携することが可能になる。他の顧客の口コミが店舗入口や店内のサイネージに表示されれば、ソーシャルメディア上の情報がサイネージを見る人の直後の行動に結びつく。また、その店舗に興味がわけば、その場でソーシャルメディアに参加しようという意欲につながる。ソーシャルメディアとリアルな場が密接に連携できるのである。

(2) 即時性による積極的なプロモーション

　ソーシャルメディアを活用したデジタルサイネージは、現場からのリアルタイムの情報発信を可能にするツールとして有効である。「売り」の現場で刻々と変化する状況に対応することで、より顧客の興味をひきつけるコンテンツ表示ができる。「今日の最新コーディネート」、「今日のオススメレシピ」、「他店舗のイベント実況」「ハッピーアワー」、「タイムセール」、「今日の産地」など、活用シーンは多様だ。

(3) コンテンツ制作、更新の省力化

　デジタルサイネージ導入後、常に新鮮なコンテンツを供給することはとても重要である。しかしながらコンテンツを制作するプロセス（企画、撮影、編集、データ化、CMS 管理）は、映像編集ソフトなどの進化で以前に比べれば省力化されたものの、まだ多くの工数を要する。

　ソーシャルメディアの活用は、スタッフがコンテンツを容易に制作できること、顧客の参加をコンテンツ化できることにおいて効果的である。

　ソーシャルメディアと連携したデジタルサイネージの事例の中から、画像・映像配信メディアと連携したものを、いくつか挙げてみよう。

アパレル店舗

ソーシャルメディアアカウントを、外向け設置の 55 インチディスプレーに連動させることでブランドイメージを訴求。

図 3-2-6-1　(株)RESTIR

オフィスエントランス

従来から自社商品やイベントなどを発信していたソーシャルメディアコンテンツを来訪者向けにもリアルタイムに表示。

図 3-2-6-2　インテル(株)

ネイルサロン

顧客滞在時間が2時間ほどあり、その間に動画共有ソーシャルメディアを活用したネイル事例やオリジナル商品告知、アート作品などを表示。

図 3-2-6-3　（株）ノンストレス

フィットネスクラブ店内

顧客参加イベントの様子をソーシャルメディアで発信するとともに、そのイキイキとした様子を店舗内サイネージにも展開。

図 3-2-6-4　ティップ．クロス TOKYO

フィットネスクラブエントランス
ヨガの世界観を想起させる美しい自然などをソーシャルメディアで発信するとともに、エントランスにプロジェクターで投影。

図 3-2-6-5　Gazelle Tokyo

資料提供：（株）インセクト・マイクロエージェンシー

3-2-7 AD プラットフォーム

　AD（アド）プラットフォームとは、元はインターネット広告の用語で、「多種多様なメディアをネットワーク化し、そこにサーバーから広告を配信する仕組み・場（プラットフォーム）」のことであるが、近年、デジタルサイネージ広告でもこの仕組みを使った広告ネットワークが生まれてきている。様々な場所にあるサイズもオーナーも多様なサイネージをデジタルネットワークで繋ぎ、一括して広告を配信する。このサービスの普及は、サイネージを広告メディアとして使うハードルを一気に下げる可能性を秘めている。

　元来、デジタルサイネージの広告メディア化には、広告を放映するシステムの導入だけでなく、広告主（もしくは広告会社）の認知獲得、継続的な広告枠セールス活動、受注後の入稿管理、配信終了後のアフターケア等、専門性をもった各種業務が必要とされてきた。（1-2 利用目的分類参照）　しかし、AD プラットフォームのネットワークに加入すれば、後はセールスから集稿、配信、表示、アフターフォローまでを事業者に任せることができる。また、通常の広告サイネージの「指名買い」によるメディア選択と異なり、AD プラットフォームでは広告配信量（広告面数合計や総露出時間）でセールスをするので、それ単品では売りにくい小規模なサイネージでも広告ビジネスを行いやすい利点がある。

　AD プラットフォーム事業者側とっては、従来の広告サイネージに比べて一連の作業工程がシステム化され省力化できる。また、AD プラットフォーム事業者側が広告事業の主体になれば、サイネージオーナーへ支払うレベニューの割合が低くてすむ。これらが事業者にとってのビジネスチャンスを生んでいる。

　事例として、現在この事業を手がける代表的な 2 社を取り上げる。

【マイクロアドデジタルサイネージ】

株式会社マイクロアドデジタルサイネージ（以下、MADS社）は、サイバーエージェントの関連会社のマイクロアドにより2013年に設立された。サイバーエージェントは日本のインターネット広告の先駆けであり、マイクロアド社は日本最大級のアドネットワークを持つ広告配信サービス会社である。ともに日本を代表するインターネット企業である。

代表取締役CEOの穴原誠一郎氏は、自らのビジネスを「デジタルサイネージのコンテンツプラットフォーム事業であり、それらの開発会社だ」という。基幹となるのは「MONOLITHS（モノリス）」と名付けられたCMS（配信管理システム）だが、これは完全自社開発である。MADS社の広告サーバーから配信された広告やコンテンツは、このMONOLITHSによって配信コントロールされ、ネットワーク接続されたデジタルサイネージへ表示される。穴原CEOは、「MONOLITHSの対象はパーソナルデバイス以外のすべての共有（パブリック）デバイスのディスプレー」といい、それゆえに画面を「デジタルサイネージ」ではなく「ネットワークディスプレー」と呼ぶ。

2014年から、ゴルフ場、学校、病院、商業施設などの「ネットワークディスプレー」とネットワーク接続をして広告配信を始めた。現在は既に約7万面のネットワークディスプレーに広告が配信されている（2016年4月現在）。

図3-2-7-1　MONOLITHSによる広告配信

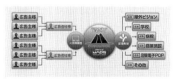

図3-2-7-2　MONOLITHSの概念図

そして 2015 年には、この MONOLITHS を使った新たなサービスとして、「外テレ」を開始した。この外テレはサイネージオーナーに向けたサービスで、外テレを導入したオーナーは、非常に簡単な CMS 画面を使って広告、天気予報、ニュース、トレンド情報、アニメキャラコンテンツなどの番組編成を行うことができ、コンテンツはすべて MADS 社により予め用意されている。現在はゴルフ場、書店、オフィス、不動産会社、自動車ディーラーなどで導入が進む。

図 3-2-7-3　外テレの管理画面

同社の川畑取締役は、「この外テレによってサイネージの活用は格段に容易になり、OOH2.0 とでも言うべき次のステージへと移行していくであろう」と言う。MADS 社は、まずは外テレの導入面を増やしていき、それをもって広告配信面が増えることも狙う。

これ以外にも、2015 年 11 月には渋谷の屋外ビジョンに、米国のネット動画広告配信事業者である TubeMogul と組んで広告を配信する試みを行った。親会社であるマイクロアドのシステムとも連結は完了している。その他にもスマートフォンとの連携などの計画も進行中である。穴原 CEO は、ネット広告との融合も今後はありえると言う。

資料提供：（株）マイクロアドデジタルサイネージ

【CMerTV】

　株式会社 CMerTV は元々はインターネット広告の会社である。2011 年に創業し、インターネットの動画広告プラットフォーム事業者としては大手になる。事業の中核は PC とスマートフォンへの動画広告配信であるが、そのシステムを使って、独自のデジタルサイネージへの広告配信事業を行っており、下記の 5 商品を中心にリアルサイネージへの広告配信を行っている（2016 年 4 月現在）。

① Drivers TV：セルフガソリンスタンドの給油機のモニターに配信
②カンパイ TV：居酒屋の机上に置く注文用のタブレットに配信
③Dental TV　：デンタルクリニックのサイネージに配信
④Salon TV　　：ヘアサロンの鏡台上のタブレットに配信
⑤BANK TV　　：銀行の待合室のサイネージへ配信

図 3-2-7-4　Drivers TV　　　図 3-2-7-5　Salon TV　　　図 3-2-7-6　BANK TV

　どのメディアも、すでに何らかの用途を持っているサイネージがあり、そこに新たに配信システムを接続して、広告を放映している。リーチの確保もされていて、Drivers TV では全国 270 店舗のガソリンスタンドで約 400 万人のドライバーにリーチ可能。BANK TV ではメガバンクを中心とした銀行で約 1,200 パネル、月間約 1,300 万人の来店者にリーチ可能である（2016 年 4 月現在）。

　同社代表取締役社長の五十嵐彰氏は、これらのメディアを「モチベーションマッチングされたメディア」であると語る。ガソリンスタンド、居酒屋、デンタルクリニック、ヘアサロン、銀行と、それぞれのシチュエーションは固有の空間を形成していて、それ

が生み出す接触者の気持ちを変える力（パーセプション）がメディアの価値を高めている。Drivers TV では、そのシチュエーションに合わせてロードサイドの飲食店のクーポン発行もできる。

　CMerTV はネット広告配信の会社であるが、これらの広告集稿は、CPC（クリック単価）や CPA（獲得単価）が評価指標になるネット広告とは異なり、マスである TV 広告の文脈で進み、クライアントも TVCM の補完メディアとしての出稿を考えるケースが多いとのこと。その上で、フリークエンシーコントロール、リーセンシーコントロールといった配信選別や、完全再生率、画面タップ率、クーポン取得率などの効果計測といったネット広告的な手法も可能であり、将来への可能性を秘めている。

　五十嵐社長は「ロンドンオリンピックでは街中にモニターが大量に設置され、それが残って、上手に活用されているものとそうでないものに分かれた。同じようなことが今後日本でも起こるとすると、それはチャンスと捉えている。モチベーションマッチングで合うものに拡大する価値はある」という。現在はカラオケボックスとも協議中。また一部、駅サイネージへの展開も検討が進んでいる。

　展開にあたってのハードルについては、「インフラ整備・進行管理・マネタイズ」の3点という。新しいサイネージを開拓して、システム導入しインフラ化すること、進行管理の煩雑な工数をきちんと管理すること、間断なく広告を入れる努力をし続けること、の3点を全て同時に続けていかないとビジネスとして成立しないと言う。

資料提供：（株）CMerTV

以上がデジタルサイネージの AD プラットフォーム化を手がけ、急成長している 2 社の代表へのインタビューである。
AD プラットフォームはマーケティングトレンドの先端をいくインターネット広告の仕組みがベースにあるため、それら最新トレンドとテクノロジーを広告サイネージに取り込みやすい。2 社のインタビューにもあるが、今後はターゲティングや RTB（リアルタイムビッディング：即時入札型広告買い付け）などの最新マーケティングトレンドが、他のメディアに先駆けてデジタルサイネージ上で実現することも考えられる。

　また、従来は広告事業を手がけるほどの条件が揃っていなかったサイネージオーナーが加わっていくことで、広告サイネージ業界での面としてのマジョリティーを獲得していく可能性もある。

　一方で、インターネット広告でのクリック率や獲得効率のような指標がデジタルサイネージにはない状況下で、ロケーション価値やサーキュレーションが異なるさまざまなサイネージへの一括配信の評価指標をどこに置くかという課題もある。しかしながら、Google[1]や Yahoo! Japan[2]などインターネット業界の最大手もデジタルサイネージ関連の取り組みを進めている。ネット業界のスピード、技術力、資金力は今後の広告サイネージの様相を変えていく可能性を秘めている。

＊1：Google for Work Japan 公式ブログ
　　「キオスクおよびデジタル サイネージによる広告展開をさらにシンプルに」
　　http://googleforwork-japan.blogspot.jp/2015/11/blog-post.html
＊2：Yahoo!JAPAN プレスルーム
　　「電通とヤフーが、旬なコンテンツをデジタルサイネージに提供する実証実験を開始」
　　http://pr.yahoo.co.jp/release/2016/03/14b/

3-3 新たなテクノロジー

2020年までに世界中から多くの人々が日本を訪れる。あらゆる技術者は、2020年をさまざまな新たなテクノロジーを「おもてなし」のツールとしてお披露目する機会としてとらえている。ここでは2020年のデジタルサイネージを支えるテクノロジーを紹介する。

3-3-1 デジタルサイネージのディスプレーの進化
(1) SDからHD、4：3から16：9へ

21世紀に入り、日本では急速にフラットパネルディスプレーが普及した。同時に映像の解像度の主役はDVDが採用したSD（Standard Difinition：標準解像度）からBlu-ray Diskが採用したHD（High Difinition：高解像度）に移行が始まった。日本のテレビ放送のデジタル化、日本のデジタルサイネージが最初に広まりはじめた時期、インターネットの光回線の敷設が日本全国で完了した時期は重なる。これは偶然ではない。初期のデジタルサイネージは下記のような技術的要因に後押しされて普及した。

・ディスプレーが薄く軽量になって壁などへの設置が容易になった
・映像をデジタルで劣化することなく保存できるようになった
・質感を損なわず映像の容量を圧縮できるようになった
・インターネットで簡単に全国に映像を伝送できるようになった

2007年頃のデジタルサイネージは、コンテンツの解像度はSD、ディスプレーは4：3のものが多かったが、2010年頃から、下記のような理由でデジタルサイネージのディスプレーの縦横比は16：9に、解像度はHDに移行した。

・サイネージ動画の素材となっていたTVCMがHD化した
・4：3のディスプレーを生産するメーカーが、ほぼなくなった

・HD を見慣れた視聴者の目には、SD が粗く見えるようになった

(2) 4Kの登場

　高解像度映像の発展はめざましく、2013年頃に4K（3840×2160ピクセル）の映像が登場した。4K映像はテレビではなく、動画配信サービスが牽引している。デジタルサイネージにおいて下記のようなニーズを実現するためには4Kが有効である。
・時刻表などの多くの細かい情報を1つの大画面に表示したい
・芸術作品などきめ細かい質感や雰囲気を映像で表現したい
・スタジアムの競技や美しい風景などを大画面で放映したい

　特に、時刻表などの細かい文字を1つの画面に一度に表示する場合、解像度がHDであっても、文字が崩れてしまって文字が読めないことがある。4Kにより解像度だけでなく、色空間の拡張や明るさの表現力が高まった。これにより芸術作品においてはHDでは表現できない質感・臨場感・没入感を再現することができる。4Kの普及にはもう少し時間がかかると考えられていたが、すでに下記のような状況である。
・4Kと2Kのディスプレーの価格差は縮まってきた
・一部のスマートフォンの解像度は4Kになった

　2020年までにはスマートフォンで4K映像の撮影、保存と共有が普及すると思われる。今後は下記のような理由から4Kに対応したディスプレーや配信システムを備えるデジタルサイネージが増えてくると考える。
・近いうちにHDのみ対応の機器は生産終了
・4Kの投稿動画を見ることが日常のこととなる
・テレビ放送が衛星やケーブルテレビから4K化してくる

　解像度がSDからHDに移行したときと同じように、HDのサイネージはやがて4Kに置き換わると予想される。今のHDディ

スプレーの液晶の耐用年数を考えると、2020年には日本のサイネージの半分くらいが4Kになっているかもしれない。

(3) 8Kの登場

2015年の夏に総務省は8K映像サービス実現へのロードマップを公表した。2018年には4Kとともに、8Kの実用放送の開始が予定されている。8K映像はたしかに素晴らしく、一般的な視聴者の感度の容量を超えている。テレビ放送サービスとしての8K映像の普及には下記のような課題がある。

・撮影の難しさ
・機材が高価
・データ伝送量が多い
・ディスプレーが高価

昨今の映像ビジネスのコスト感覚からすると、2020年に一般的なデジタルサイネージに8Kを適用することにはまだ課題があるが、8Kのサイネージによる以下のような取り組みが検討されている。

・医療用途
・パブリックビューイングやライブビューイングシアターとして各地に設営
・迫力のある中継を外国人・日本人を問わず人々に提供
・日本各地の文化、芸術、風景を繊細な映像と空気感で放映

2020年が終わったら、その各地のシアターを映像クリエイターや技術者の表現の場として活用することにより、地方創生と地域産業の活性化に繋げていくことが期待されている。そしてHDが4Kに置き換わると予想されると同様に4Kはやがて8Kに置き換えられるだろう。

3-3-2 デジタルサイネージへの音声分析技術の適用

　現在主流のスケジューラーにもとづいて決められたコンテンツが繰り返し放映されるプッシュ型のデジタルサイネージは、音声が出力されないものが多い。交通機関にデジタルサイネージを設置する場合は、音声出力をすることは稀である。インストアサイネージなど、店舗の中で放映されているサイネージが商品の販促目的で使用される場合は、音声が出力されることも増えつつある。

　バーチャルコンシェルジュなどのインタラクティブ型のサイネージは、映像と音声で目的地と道順案内をおこなうものが存在する。

　最近では、視認者からの声によるリクエストを分析して、レコメンドする商品を映像放映とともに音声で説明するデジタルサイネージも開発されつつあると聞く。

　エリア内の自動音声アナウンスに透かしを埋め込み、音声を受信したサイネージやスマートフォンアプリがアナウンスに応じた映像を表示することも可能になった。

3-3-3 IoT とビッグデータ

　IoT とは Internet of Things の頭文字を取ったもので「もののインターネット」と訳されている。IoT には複数の取り組みの要素が含まれており、定義すると以下のとおりである。
- あらゆるモノをインターネットにつなぐ
- モノの動きや、モノを使うヒトの動きをデータとして収集する
- 収集したデータを集積することでビッグデータ化する
- ビッグデータだけでなく、第 3 のデータなどともにクラウドなどのプラットフォームで分析・可視化する
- 得られたデータをフィードバックし、効率や品質、安全、顧客満足度を向上させる

・新しいサービスやビジネス、モノを創り出す

(1) エンターテインメントサイネージにおけるIoTの先行的な活用

　すでに映画上映をプロモーションするなどのエンターテインメントでのデジタルサイネージにおいては、視認率や注目度を上げる手法としてセンサー技術を使って、キャラクターとのインタラクティブなやりとりをディスプレー上で体験することを実現している。

・個人の嗜好を推測したキャラクターの表現
・自己診断値をもとにしてキャラクターへ反映してアバター化

(2) 他の分野におけるIoTの活用の可能性

　同様にIoTが他の活用分野のサイネージビジネスが現状抱えている以下のような課題を解決してくれる可能性がある。

■広告用途サイネージ
・ターゲットに合わせた広告表示
・物理的な視認者数の把握

■販売促進用途サイネージ
・物理的な視認者数の把握
・消費者の購買ニーズに合わせたコンテンツの表示
・サイネージコンテンツと仕入れ調達、販売実績との関係
・顔映像をカメラで撮影し、年齢や性別を判定しレコメンド商品を提示
・日照量や気温などのデータと連動したコンテンツ

■情報発信用途サイネージ
・個人属性の把握
・傾向値に合わせた地図や情報の予測表示

　今後日本を含め、さまざまなIT企業がIoTデータの分析基盤を

クラウドで提供するサービスを開始していくと考えられる。デジタルサイネージ媒体社は分析の元となるデータをデジタルサイネージから収集し、分析基盤にて独自もしくは業界共通の手法で分析することによって、これまで見えなかったサイネージの効果やサービスを、クライアントや視認者に提供することができるようになる。企業向けアプリケーションのマーケットプレースを通じて、独自の分析アプリケーションを提供する企業も現れるかもしれない。

3-3-4 デジタルサイネージに必要なネットワーク

(1) インターネットアクセス回線の種類

　デジタルサイネージは、スタンドアロン型とネットワーク型の2つに分類できる。現在のネットワーク型デジタルサイネージの多くは一部を除いてインターネットアクセス網を利用している。複数の通信事業者がさまざまな接続方式のインターネットアクセス網を提供している。

有線 IP アクセス回線

・ADSL アクセス回線（法人向け／家庭向け）

・光アクセス回線（法人向け／家庭向け）

・ケーブルテレビアクセス回線

無線 IP アクセス回線

・携帯電話網アクセス回線

・公衆 Wi-Fi アクセス回線

・WiMAX 網アクセス回線

　2016年現在時点で最も安定しているアクセスネットワークは、法人向けの光アクセス回線である。一部の事業者は平均800Mbps の IP 通信速度のサービスを提供している。

(2) ローカルエリアネットワークの種類

　同一のロケーションに複数のサイネージ装置がある場合はLAN（ローカルエリアネットワーク）を構築し、ルーターと終端装置を経由して、有線 IP アクセス回線に接続することが多い。LAN は下記の方法で構築する。
・イーサネット LAN
・Wi-Fi 無線 LAN

　このうち、最も一般的で安定しているのはイーサネット LAN である。最近では 1Gbps の通信インターフェイスを持つ低価格なイーサネットスイッチも登場している。ショッピングモールや駅などにおいて、イーサネット LAN を敷設することは、困難なことも多い。そのような場合には、Wi-Fi 無線 LAN を採用することが増えてきた。サイネージの設置台数が 1-2 台の場合は、LAN を構築せずに、サイネージの STB にモバイルルーターを接続してインターネットにアクセスする場合もある。

(3) 今後必要となるネットワーク

　2020 年に向けて、新たなデジタルサイネージには下記のような機能が求められてくると考えられる。
・映像を含めたより精細な情報をリアルタイムに提供する
・視認者との映像通信を含めたインタラクティブなやり取りを行う
・スマートフォンアプリや Web コンテンツとの連携ができる
・場所と電源さえあれば、どこにでも設置できるようにする

　これらを実現するためには、これまでよりもデジタルサイネージに適合したインターネットアクセス網が必要だ。
　A）広帯域で通信パフォーマンスの変動が少ない
　B）上りも下りと同じくらいの通信パフォーマンスを持つ

C）設置場所での通信工事が不要もしくは簡単である

イーサネット LAN を構内に構築し、ルーターを介して法人向けの光アクセス回線に接続する形態のネットワークは、高速で安定しており、上記の A と B の要件を満たすが、C の要件を満たすことはできない。現在の Wi-Fi や Wi-MAX は C の要件を満たすが、ユーザー接続が集中したときに A や B の要件を満たすことができなくなる。

必要なのは法人向け専用で広帯域な安定した無線のインターネットアクセス回線とローカルエリアネットワークだ。2016 年時点では 3G 回線を活用した、IoT データ収集用途の企業向けサービスが開始されたが、3G 網では A と B の要件を満たすことはできない。2020 年までに IoT 用途の無線 IP アクセス網の需要が高まり、コンシューマ利用者向けの無線アクセスサービスとは分離された電波帯で広帯域な無線 IP アクセス回線のサービスが開始され、ABC の 3 つの要件が全て満たされることが望まれる。同時に公衆 Wi-Fi やテザリングの Wi-Fi とは別のローカルな無線ネットワークが必要だ。なお、今後展開が予定される 5G 回線は、上記の ABC の 3 つの要件を満たす可能性が高い。

3-3-5 デジタルサイネージのサイバーセキュリティー対策

デジタルサイネージにおいてはこれまでディスプレーや筐体を保護するために、ビデオカメラによる監視など、いわゆるフィジカルセキュリティー対策を行ってきた。しかし昨今、企業や官公庁の Web サイトをターゲットとしたサイバー攻撃が多発している。今後はデジタルサイネージがサイバー攻撃のターゲットとなる可能性がある。サイバーセキュリティー対策の必要性はサイネージも例外ではない。

STB やサーバー、ネットワークを動作不能にする、もしくはディ

スプレーに放映する動画や静止画などのコンテンツを勝手に変えて乗っ取るなどが考えられる。

これらのような攻撃に備えるために、以下にデジタルサイネージのサイバーセキュリティー対策の基本的な手法を説明する。

(1) ネットワークを内部と外部に物理的または論理的に分離

ネットワークをインターネットに接続されている外部ネットワークと、許可された者だけがアクセスできる内部ネットワークに物理的もしくは論理的に分離する。

(2) 境界接続点にセキュリティー装置を配置

内部ネットワークと外部ネットワークの境界にファイアウォール、侵入を検知するIDS (Instruction Detection System)、検知された侵入トラフィックを破棄するIPS (Instruction Prevention System) などの機器を配置して、外部ネットワークからの不正な侵入を制限、検知、排除する。

(3) セキュリティーで保護されたネットワークにサイネージ装置を配置

CMSや配信サーバー、スケジューラー、STBなどのデジタルサイネージ配信装置を内部ネットワークに配置する。

(4) VPN (Virtual Private Network) で内部ネットワーク間を接続

VPN装置を使って、内部ネットワークからのIPパケットを暗号化して外部ネットワーク上を伝送して、データの盗聴を防止しながら、異なる場所にある内部ネットワークと相互に接続する。

(5) 認証管理システム

サイネージを構成する各装置を操作するためには、必ずAAA

（認証、認可、アカウンティング）システムを使って ID とパスワードなど複数の認証要素によるログイン認証を受け、ID に応じた権限を付与され、ログインとログアウトの時刻や ID が記録される必要がある。

(6) ネットワークのセキュリティーセンサー化

　ネットワークに故意もしくは無意識に無線デバイスを接続すると、侵入路が形成されてしまう。これでは、さまざまなセキュリティー装置は無意味である。

　このような手口に対応するために、内部ネットワークそのものをセキュリティーセンサー化することを可能にする製品が開発されている。セキュリティーセンサー化されたルーターやスイッチ、Wi-Fi アクセスポイントは、ネットワークトラフィックを記録し、通常とは異なる不正なトラフィックを検知した場合、そのトラフィックだけを切断し、運用管理者にアラートを送り、ログを記録するなどの対処を自動的に実施することができる。

　サイバー攻撃の手口は、日々巧妙化しつつある。知識や経験を持った専門家に是非相談してみるべきである。

　以上のように、デジタルサイネージは表示装置としてのディスプレー、Web を活用した配信技術、トレンドを意識したコンテンツ、カメラ・ビーコン・センサー等の周辺技術、アプリや SNS との連携、セキュリティーの強化など、その時代のテクノロジーとニーズを取り込んで進化し続けている。また昨今では、訪日外国人への情報提供や大規模災害発生時の避難誘導ツールとして注目が高まっている。IoT やビッグデータ活用トレンドの一環としてとらえれば、デジタルサイネージのユースケースはますます拡大するだろう。メディアとして、コミュニケーションツールとして、

また情報インフラとして、デジタルサイネージの持つ可能性は大きく、2020年に向けてますます拡大するであろう。

　フィールドの全体を見通すことは困難だが、現時点でデジタルサイネージの「近未来を予感させる」展開事例を以下にいくつか紹介したい。

3-4 近未来を予感させる展開事例

3-4-1「ビックロモニター」
〜店頭入り口に設置された革新的デジタルサイネージ〜

【設置ロケーション】

　ビックロ　ユニクロ新宿東口店の1階入り口

【設備概要】

　店頭入り口に縦2,688mm×左右1,536mm、縦長で122インチのLEDサイネージを10面、140インチのサイネージを1面設置。最大輝度は2,200cd/m^2。視野角は、水平140°垂直140°、放映時間は、9：30〜22：30。

【設置の経緯と特徴】

　2012年9月の店舗オープンに合わせ運用を開始。ユニクロとビックカメラのコラボレーションという、世間を「ビックリ」させた展開そのままに、店頭デジタルサイネージも従来にない革新的なものとなっている。1階の正面にある5カ所の入り口の柱壁面両側に、122インチの巨大LEDサイネージを10面設置している（図3-4-1-1・2）。通常なら屋外対応型のものを用いるのだが、店舗の顧客が視認する距離やアングル等といった位置関係と視認性、さらには、デジタルサイネージで展開される映像演出の内容、効果を考慮した結果、高輝度・高精細かつ特別に薄型に設計された、屋内型6mmピッチLED画面を強化ガラスで保護したものが

図 3-4-1-1・2　ビックロ　ユニクロ新宿東口店の1階入り口にある「ビックロモニター」

採用されている。併せてインタラクティブな展開が可能なセンサー（カメラ）も設置し、独自のコンテンツを送出している。

【ロケーションとコンテンツ】

店内に入る顧客だけでなく、店舗前を通る通行者にも連続的にデジタルサイネージが視認できるので訴求効果は抜群だ。正面入り口とは別に、ライオン口には140インチのデジタルサイネージを1面設置してある。

著名なクリエーティブディレクターが、店舗全体をプロデュースし、プロのクリエイターたちがコンテンツ表現を作成しており、クオリティーが高い。画面いっぱいに文字や多くの商品が躍ったり、全体がエレベーターのように縦にスライドしたり、テーマの1つである「素晴らしいゴチャゴチャ感」も見事に演出しており、ビックロらしい表現の一翼を担っている。

モニターの前に立つと、センサーが働き、自分の姿が映る。すると「ビックロ」のロゴが体にまとわりつき、振り払って遊ぶようなユニークなインタラクティブコンテンツも実施している。

【インバウンド対応】

時折「TAX FREE」「免税」の文字が画面いっぱいに見られる。中国語、韓国語での表現もあり、通りに非常に多く見られる外国人旅行者への店内誘導サインとしても活用がされている。

図3-4-1-3　インバウンド対応の表示

資料提供：ヒビノ（株）

3-4-2「イオンチャンネル」
〜商業施設における全国規模のサイネージネットワーク〜

【設置ロケーション】

全国のイオン主要店舗内の食品集中レジ付近、およびエレベーター横、売り場入口などに設置されている。ロケーションは、買物行動中の滞留時間が長く、実証実験時の調査においても最も高い注目率を得た「レジ周辺」等、「立ち止まる場所」をキーワードに集中設置。

【設備概要】

32インチ横型モニターを食品レジ什器に併設する形で専用自立式スタンドにて設置。基本的に1エリアに1台のSTBを設置し、複数モニターと無線接続、STBはモバイル通信またはWi-Fi接続にてコンテンツ配信センターと接続されている。音声はレジ業務への支障を考慮し、レジ待ちのお客さまを対象に指向性スピーカーで出力している。

北海道から沖縄まで、ほぼ全都道府県にまたがり、主要店舗 約180店舗に展開、モニター面数で1,400面。該当店舗の食品レジ通過客数は年間5億人強に及ぶ。

図 3-4-2-1　イオンチャンネル

【開発・設置の経緯】

　来店される多くのお客さまに対して、効率的に各種情報をお伝えするツールとして 2008 年から展開。全国店舗に一斉告知ができ、かつメディア価値を上げるため、各都道府県にまたがり設置されている。イオンに来店され、お買い物をされる多くのお客さまに対して、営業告知、プロモーション、また商品購買につながる商品告知と併せて、設置場所の特性や、全国展開の強みを活かし、広告メディア事業としても展開している。

【主なターゲット・コンテンツ紹介】

　ターゲットは総合スーパーで食品レジを通過するお客さまで、圧倒的に主婦、ファミリー層が多く、店舗商圏内のお客さまが、繰り返し来店されるケースが多い。レジという特性から、商品を購入して支払いを待つお客さまに対して営業案内、商品告知、広告だけでなく、天気予報や便利情報等の生活情報も発信している。

図 3-4-2-2　イオンチャンネルのコンテンツ

【今後の改良計画や将来構想】

○「イオンチャンネル AD」の展開

　2014 年より、食品レジ以外に、新たに店舗入り口、売り場入り口、休憩スペースに 60 インチ縦型自立式サイネージの展開を開始、展開規模は全国約 200 店舗（本州、四国）で、現在約 400 面が設置済み（2016 年 2 月現在）。

○新たな機能を付加したサイネージの検討

　2020 年に向けて、将来的にはインバウンド客対応や災害情報一斉配信を可能にする Web 連携（HTML5）サイネージ、インタラクティブ型サイネージ、KIOSK 型サイネージ、ビーコンや IC カード連携のサイネージ等の展開を計画しており、現在は構想段階である。また一部店舗では多言語対応タッチパネルサイネージの試行も始めている。

図 3-4-2-3　**イオンチャンネル AD**

資料提供：イオンドットコム（株）

3-4-3「新宿駅西口広場デジタルサイネージ」
～公共性の高い駅前広場での多目的サイネージの展開～

【設置の経緯】

東京都は 2014 年 12 月に発表した「東京都長期ビジョン」で、「世界一の都市・東京」を目指して、「2020 年に向けて外国人や旅行者の滞在中における基本的ニーズが充足されるとともに、災害時等においても円滑に行動できる環境が整備された都市を実現する」としている。

都政グループの一員である（公財）東京都道路整備保全公社は、2015 年 4 月に新宿駅西口広場の壁面と同広場に近接する新宿副都心 4 号線沿いの柱面にデジタルサイネージを設置し、運用を開始した。

【設備概要】

広場正面の壁面には 60 インチ液晶ディスプレーを 12 面合わせた約 227 インチ相当の大型マルチビジョンを設置、同ディスプレーの左右には地図を表示する 70 インチディスプレーと 32 インチタッチパネルディスプレー（いずれも 4 K 対応）を各 1 面設置した。また広場から都庁方面に通じる歩道脇の柱面には、47 インチ液晶ディスプレーを 5 本 10 面にわたり設置している。

図 3-4-3-1　大型マルチビジョンと地図画面

【コンテンツ】

　大型マルチビジョンと柱面サイネージでは、東京都からの行政情報、電車・バス等の交通情報の他、災害時には災害関連情報を提供する。

　マルチビジョンの左側9面には行政情報、右側3面には、鉄道運行情報やバス乗り場案内等の情報が表示され、複数の情報が見やすく整理されている。また地図画面では4Kの高精細な地図により周辺エリアの案内を行う。タッチパネルディスプレーでは日本語の他に英語・中国語・韓国語の多言語での表示による行き先案内操作が可能であり、ユニバーサルデザインにも配慮した様々な利用者に使いやすい仕様となっている。

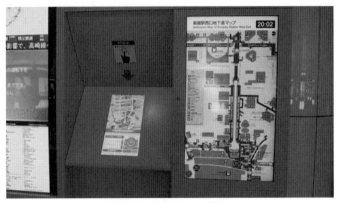

図3-4-3-2　タッチパネル地図画面

【将来構想等】

　デジタルサイネージを運用する東京都道路整備保全公社では、2020年に向けてこのサイネージを災害情報提供ツールとして役立てていく他、ウェルカムボードとしての活用も検討している。

資料提供：（公財）東京都道路整備保全公社

3-4-4「ルートファインダー」
〜タッチパネルディスプレーを活用した乗換情報案内端末〜

【設置の経緯】

2003年より始まった「ビジット・ジャパン・キャンペーン」を契機に、昨今、ますます多様化する鉄道路線網や複雑化する駅構内施設、また急速に増加する訪日外国人のお客さまの情報ニーズに対応するため、JR東日本では乗換案内端末の研究が開始され、2007年よりJR東京駅・秋葉原駅で実証実験を実施、その検証結果を踏まえて2013年より顧客操作型の乗換案内端末「ルートファインダー」の導入が開始された。現在は首都圏のJR主要駅を中心として、13駅に20台が設置されている(2016年3月現在)。

【開発の留意点】

実証実験で得られた課題を踏まえ、以下の項目を意識した仕様とした。

1) ひと目で案内端末であることが認識しやすい筐体デザインとし、ディスプレーを傾けてタッチパネルであることをわかりやすくした。
2) Suica利用者の増加によって減少する券売機の空きスペースへの埋め込みタイプと自立タイプの双方に活用できるサイズとした。
3) 4カ国語(日・英・中・韓)対応とし、検索結果の一覧性を意識するとともに、プリントアウト機能を実装した。

図3-4-4-1 ルートファインダー(JR山手線恵比寿駅)

【検索機能とコンテンツ】

　乗換情報に特化した端末の特性を考慮して、初期画面で言語を選択、次に主要コンテンツである乗換案内と観光地案内を選択し、直感的に目的のコンテンツにたどりつけるシンプルなユーザーインターフェイスを採用している。

　また、行き先の駅名は直接入力の他に、検索頻度の高い目的地を予め表示し、ワンプッシュで選択できる「クイック入力モード」を備えている。全国約450ヶ所の観光地案内や検索結果のプリントアウト機能も備え、駅を利用する国内外のお客さまのニーズに応えている。乗換情報等のコンテンツはサーバーと無線通信で接続され、ダイヤ改正や運賃改定時のコンテンツ更新にも即時に対応できる。

図3-4-4-2　初期画面　　　　　図3-4-4-3　クイック入力モード

【将来計画】

　JR東日本では駅を利用するお客さまの多様なニーズに応えるために、この「ルートファインダー」の他、スマートフォンを通じてARやビーコンを活用した新たな情報提供の実証実験も実施し、より利便性の高い案内情報の提供の検討を進めている。

資料提供：東日本旅客鉄道(株)

3-4-5「4Kナビタ」
～4Kタッチパネルを活用した多言語表示対応の
サイネージ版駅周辺地図～

【設置の経緯】

駅利用者の利便性向上のために、東京地下鉄㈱と設置協力会社である表示灯㈱が共同で検討を重ね、2015年1月から東京メトロ銀座線浅草駅および上野駅構内（改札外コンコース）に試行的に設置している。

【設備概要】

幅2110mm×高さ2100mm×厚さ290mmの自立式筐体に84インチのタッチパネルディスプレーを横向きに設置して駅周辺の地図を表示、液晶ディスプレーは4K対応で詳細な周辺情報のデジタル化を実現している。また画面右上に動画・静止画の表示エリアを設け、広告媒体としての機能も併せ持つ。

図3-4-5-1　4Kナビタ（東京メトロ上野駅）

【コンテンツ】

駅周辺の公共施設やバス乗り場、駅構内図等の案内情報を網羅し、駅利用者の様々なニーズに応える。タッチパネルで駅周辺の主な施設を選択すると、地図上に現在地からのルートが点滅しな

がら表示される。さらに外国人旅行者（インバウンド）に対応するため、タッチパネルによる表示言語の切り替え機能を付加し、従来の日本語および英語での表示だけでなく、サイネージの機能を活かして、韓国語及び中国語（簡体）での案内も追加し、4カ国語対応のインフォメーションを行っている。

図 3-4-5-2　4 K 表示による地図画面

【開発にあたっての留意点】

詳細な情報の表示が要求される地図情報のデジタル化にあたっては、見やすい文字サイズ、カラーデザインにするべく留意した。また、タッチパネルを用いたインタラクティブなシステムを採用し、駅利用者が触りやすく、より親しみを感じてもらえる周辺案内地図を目指している。

【将来計画】

将来の技術革新に併せて、今後も機能性の向上を目指していく。2020年の東京オリンピック・パラリンピックに向け、試行結果を踏まえ設置駅を増やしさらなる駅利用者の利便性の向上を目指す。

資料提供：東京地下鉄(株)／表示灯(株)

3-4-6「Speed Chess」
〜世界最古のボードゲームをテクノロジーの力でアップデート〜

「最先端のテクノロジーやデバイスは、ゲームをあらゆる制約から解き放ち、もっと楽しくすることができる」をコンセプトに、長い歴史と高い認知度を持つ「チェス」を、スピード感のある、よりエキサイティングなエンターテインメントにアップデートする。

【設備概要】

チェス盤は、60点マルチタッチと高速応答性能を併せ持つ3M社の46インチ・マルチタッチディスプレーを採用。チェス盤の上には、導電性の「手でつかめる」チェス駒を配置している。

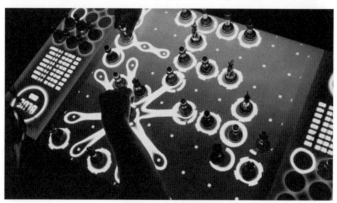

図 3-4-6　Speed Chess

【コンテンツ、機能】

　駒に触れることで、その駒がどう動くかが表示されるため、初心者でもすぐに遊ぶことができる。Speed Chessはターン制がなく、どんどん駒を動かせる一方、一度動かした駒は一定時間動けなくなるという新しいルールが設定されており、駒ごとに動かせるようになるまでの残り時間が表示される。これまでチェスに触れなかった人にきっかけを作り、プレーヤーがリアルタイムに駒を動かし合う、スポーツのようなスピード感という魅力を生み出している。

【開発の留意点】

　スピード感のある対戦を実現するためには、応答性能がよいマルチタッチディスプレーが必要であった。また、チェス盤として横置きにできる必要があり、今回は３M社の技術協力を得て実現に至った。駒の動きを知らなくてもすぐに始められる点や、ターン制がない新しいルールの導入は、このチェス盤とコンテンツがあって実現できたことである。

【今後の展開】

　「Speed Chess」はプロトタイプとして１つの完成形を見たが、これが最終形ではない。より多くの人々が同時に操作し体感できるUX、新たな「もっと楽しい」を探し、生み出していく。

資料提供：(株)バスキュール

3-4-7「DOME KICK OFF PARTY 2016」
～LEDディスプレーを床面に活用した未来のスポーツ演出～

【設置の経緯】

（株）ドームの20周年キックオフパーティーにて、「次世代に大きな夢を見せる」をコンセプトに、未来のスポーツ演出を表現するため、有明コロシアムの床面にLEDディスプレーを敷設した。

【設備概要】

有明コロシアム内に、24m × 13.5mの大型LEDディスプレーをコート一面に敷設。ディスプレーの解像度はフルHD。よりリアルに再現するために明るさと色再現性を重視し、プロジェクションマッピングによる投影ではなく、LEDパネルを選択した。

図3-4-7-1　サッカー場の出現

図3-4-7-2　球場の出現

【コンテンツ】

　サッカーコートPKエリア、野球のマウンド・バッテリー間を「実寸」でディスプレー上に再現することにより、非常にリアリティーのある空間が出現した。未来のサッカーPK戦では、選手の精神集中や緊張の様子を心拍数を使って演出するため、ボールの周りに心拍と同期した映像コンテンツが表示された。また、一転して床面のコンテンツが切り替わると、同じコート上に野球場のマウンドが出現する。テクノロジーとコンテンツにより、スポーツの見方がこうも変わるという一例を見せた未来のスポーツ演出である。

図 3-4-7-3　未来のスポーツ演出

　資料提供：(株)ドーム／(株)バスキュール

3-4-8「え〜でる すなば プラス」
〜プロジェクションマッピングを活用した不思議な砂遊び〜

【設備概要】

専用の砂と高低差でインタラクティブに反応する映像技術を応用した屋内用キッズ向け遊具機器。子供たちの社交場であり、造形の創作意欲を高めてくれる砂場に、最新映像技術を応用し、砂の造形に四季や自然を吹き込む。

図 3-4-8-1　え〜でる すなば

【コンテンツ】

専用の室内用の砂とプロジェクションマッピングによる映像技術の応用により、砂の造形に応じて投影される映像がインタラクティブに変化する。砂を掘ると川や湖、海になり、積み上げると山になるなど、砂の高さに合わせて変化するカラフルな映像が、子供の想像力を刺激する。手の動きにも反応し、高いところに集

図 3-4-8-2
高低差により色付けが変わる

図 3-4-8-3
高いところに虫が集まる

まる虫を手で運ぶこともできる。また、雨雲が現れ、砂を高くすると雨が降り、川が流れ、砂遊びと水遊びも楽しめるなど、子供の遊び心を惹きつける工夫が盛り込まれている。

【開発の留意点】

　高低差をつけやすくするため、造形しやすい特殊な砂を採用。砂が映像によりカラフルに色付けされ、時には形状に合わせてホタルが現れ、水が流れるなどの不思議感を演出して、子供たちが楽しめることを大切にしている。今までにない不思議な砂遊びの遊び方がわかるモードも用意し、日が昇ってから沈むまでの時間が遊び時間だとわかる、遊ぶことにストレスのないUI/UXを提供している。砂場とプロジェクター部分などを1つの筐体としてコンパクトにまとめ、遊び場を展開しやすくすることにも留意した。

【今後の展開】

　2016年春現在、全国で約800台を展開。ショッピングモールや商業施設のゲームコーナーだけではなく、カーディーラーなどにも展開し、子供が楽しめる不思議な遊び場を増やしていく。

資料提供：(株)セガ・インタラクティブ
公式サイト：http://edel-sand.sega.jp/

3-4-9 「CITY LIGHT FANTASIA by NAKED」
〜空間を創造するプロジェクションマッピングの未来〜

　映像／照明／デザイン／美術造作を区別せず、空間そのものに新たな価値を付加する"スペース・クリエイティブ"、来場者が家を出てから帰るまでの体験を演出する"エクスペリエンス・デザイン"。クリエイティブカンパニー NAKED Inc.は、映画で培った演出力、卓越したコンテンツ企画力、そしてテクノロジーの活用により、リアル世界に人々の新しいアクティビティを創造している。

【スペース・クリエイティブ】
　「CITY LIGHT FANTASIA by NAKED」は 2015 年秋より全国各所で行われている、夜景に合わせて上映されるプロジェクションマッピング・イベント。大展望台の開放感あふれる大きな窓の上段に透明特殊フィルムを貼ることで、開放感あふれる映像演出と夜景のコラボレーションを楽しむことができる。
　展望台からの夜景だけではなく、映像コンテンツを掛け合わせることにより、その空間にいる価値を格段に高めている。透明度の高い特殊透明フィルムを活用し、展望台という拡がり感を最大限に活かした空間演出となっている。

図 3-4-9　TOKYO TOWER CITY LIGHT FANTASIA

【エクスペリエンス・デザイン】

　NAKED Inc.の大屋友紀雄氏は、「人々の行動を少し変えて、アクティビティを生み出すエンターテインメント体験が、これからのコンテンツであり、映像音声だけではなく、さまざまな技術や知見を組み合わせることが、これからのコンテンツ制作技術」と語る。

　恋人や友人、インバウンド観光客が夜景を楽しむだけではなく、他にはない情景と思い出を残せる空間を演出することで、展望台に行く動機づけを提供し、実際の来場行動を創り出す。新しいアクティビティとビジネスを生む価値空間演出に、彼らのクリエーティブが活かされている。

資料提供：NAKED Inc.

3-4-10 「インフォベール」
～省スペースでクリアなガラス一体型のデジタルサイネージ～

【開発の経緯と特長】

デジタルサイネージを商業施設や店舗・オフィス内等に展開する際に、床面自立、壁掛け、天井吊り下げ等、いくつかの設置フォーマットがある。いずれの場合もアンカー打設や壁面・天井等の施工に制約があり、設置工事のコストも含めて大きな課題である。AGC旭硝子では液晶ディスプレーをガラスに背面から直接、貼合する技術を開発し、2015年から「infoverre®（インフォベール）」と名付けて商品化している。

このインフォベールの特長は以下のとおりである。

①ガラスにディスプレーを直接貼合することにより、視野角が広がり通行人に対し高いアイキャッチ効果を発揮

②放熱のためのファンが不要で低消費電力

③ガラス接着面のみでディスプレーを支持するため省スペース

④既設のガラスを活用した設置工事が可能（※設置条件あり）

⑤不要時や故障時にガラス面からの取り外しが可能

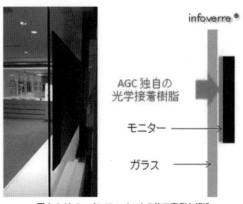

図 3-4-10-1　インフォベールの施工事例と構造

【液晶直接貼合の技術】

ガラスの背面から独自の光学接着樹脂を使用して、ディスプレーの液晶モジュールを接着、固定する。この接着は常温・常圧で施工可能で、充分な強度を維持する。既設のガラスに対して現場での施工が可能であり、現在では65インチサイズの大型ディスプレーまで対応している。

【導入事例】

商業施設内やオフィスエントランス、店舗ファサードを中心に導入されている。

図3-4-10-2　導入事例（AGC studio）

【今後の計画】

今後、ますます増えていく施設の内装デザインや空間演出に配慮したデジタルサイネージの設置ニーズに応えるべく、ガラスを活用した新たなサイネージ施工のバリエーションを増やしていく。

資料提供：AGC 旭硝子

3-4-11「LinkNYC」
〜ニューヨーク市の街角サイネージ〜

【概要】

　ニューヨークでは、「LinkNYC」と呼ばれる街頭設置型の新しいデジタルサイネージ端末が 2016 年 1 月からスタートした。3rd アベニューから導入が始まり、今後 2028 年までかけてマンハッタンの歩道上に 120 メートル間隔で 7,500 台設置予定とされ、総工費は 2 億ドルだという。すでに数十台のシステムが稼動中である。

図 3-4-11-1　ニューヨークの LinkNYC

図 3-4-11-2　フリー Wi-Fi の案内画面

【主な機能と仕様】

　LinkNYCの主な機能は以下の通りである。

・ギガビットフリーWi-Fi・全米内無料公衆電話・緊急電話911
・簡単な旅行案内、イベント案内・Webブラウジング・マップ（Google Map）・USB充電器

　また、運用は基本的に広告収入で賄われる。筐体は完全屋外設置で、高さ3メートルほどのジュラルミン製であり、極めて頑丈である。自然換気のみでクーラーはなく、電源もネットワーク回線も全て地下から供給されており、筐体デザインは非常にスッキリとまとまっている。

　55インチ液晶ディスプレーには赤外線カット用フィルターのシートが貼られている。ロケーションは南面と北面に向いており、特に南面は完全に直射日光にさらされる。ディスプレー輝度は1,000〜1,500カンデラ程度と思われ、直射日光が当たった状態でも視認性は保たれている。

【デジタルサイネージとタブレットを併用】

　LinkNYCのディスプレーは広告を表示するのみで、タッチ操作用にはAndroidタブレットが筐体の歩道側側面に組み込まれている。ここでタッチした結果の表示はディスプレーと連動はしていない。全米無料通話のために自分のイヤホンやヘッドセットを接続することも可能である。

　設置は3rdアベニューから行われているので観光客が多いエリアではなく、2016年2月現在はタッチして利用している人は少ない。Wi-Fiは立ち止まって接続している人がまばらに見られる。LinkNYCでは、観光情報の提供は重視されておらず、観光客に特化したサービスというよりも住民向けのサービスという位置づけのようである。

LinkNYCのような検索機能を搭載したデジタルサイネージ端末では、通常タッチパネルは大型で、タッチ操作するディスプレーと結果などを表示するディスプレーが同じであるケースがほとんどである。ところがLinkNYCは、55インチの広告表示用のディスプレーと、10インチ程度のタッチパネル（それはAndroidタブレットそのものであるが）に完全に分かれている。広告表示は広告のみで、タッチパネルは操作結果が表示されるのみである。

図3-4-11-3　Androidのタブレット端末が組み込まれた歩道側の側面部

これにより、操作によって広告放映が中断することはないので、媒体価値を損なわれることがない。運用費を広告で賄うためにはこれは重要なポイントだ。また、この広告用のディスプレーも、比較的高い場所に設置されているので、歩道側からも車道側からも視認性は極めて良好である。それだけ広告媒体としての価値が高いということになり、広告収入を多く得ることができ、それで運用費を賄えるのではないだろうか。

【ベンチマークすべき街角型デジタルサイネージ】
　東京にも2020年に向けて、これに類似するデジタルサイネージ端末が設置される可能性がある。観光情報の提供やフリーWi-Fiサービスも必要だが、きちんと広告ビジネスとして成立させ、さらに社会インフラ全体の中での投資採算性やコミュニケーション設計に配慮したサイネージの登場が期待される。そのために「LinkNYC」は今、世界で最もベンチマークしておくべき街角型のデジタルサイネージであるといえる。

3-4-12 デジタルサイネージプランナー育成の必要性

　2020 年に向かい、訪日外国人観光客のさらなる増加が見込まれる。デジタルサイネージの分野では、多言語対応、スマートフォン／タブレット端末との連携などがさらに進展すると考えられるが、システムやコンテンツ等の「標準化」により、それらはより容易になり、より多くの用途やロケーションでの活用が拡大していくと予想される。特に昨今、地域創生、インバウンド型観光や日本版 DMO（Destination Marketing/Management Organization）の創設などというキーワードが躍るが、そうした用途にこそ、それらを支えるインフラとしてもデジタルサイネージは真価を発揮する。

（1）サイネージ市場の 2 極化

　これからデジタルサイネージは、NTT が取り組んでいる「Kirari!」（http://www.ntt.co.jp/news2016/1602/160216b.html）のような、疑似 3D や 4 K 8 K による高精細映像によるパブリックビューイングなどのスーパーハイエンド市場と、Web 技術で標準化された廉価かつ他デバイスや他メディアと連携するローエンドな市場に二極化すると考えられる。

　ハイエンド市場向けには、2020 年を契機として日本から世界に発信する新しいユースケースを開発すべきである。一方でローエンドな市場を着実に形成していくことも、国全体の ICT 化をさらに推進していくためにも必要不可欠である。

（2）サイネージ市場拡大のために

　今後普及が加速するであろう Web-based サイネージは、既存の Web コンテンツを流用できるだけでなく、Web デザイナーなどのコンテンツを制作する人材は比較的豊富である。これらの

Web技術者やWebデザイナーがサイネージ業界への参入を実現することで、スター的な技術者やデザイナーが出現することを期待するが、彼らから見てデジタルサイネージ業界が参入するに値する市場であり、仕組みを備えていることも重要である。

　デジタルサイネージの導入を考えたとき、誰に相談すればいいのか。現時点ではおそらくデジタルサイネージの機器メーカーであろう。これまでのデジタルサイネージ市場をけん引してきたのは機器メーカーであり、知見が彼らに蓄積されている。しかし、今後拡大が見込まれるローエンド市場では、ハードウェアに費やすコストは、これまでとはおそらく比較にならないほど低いものになるため、メーカーにとって旨味がなく、これまでのノウハウも通用しない可能性がある。これからのデジタルサイネージは、ハード主導の市場だけでなく、ソフトウェア主導の市場も形成していく必要がある。

(3) 人材育成は重要な成功要因

　ハイエンド市場においてもローエンド市場においても、デジタルサイネージを導入したいと考えたとき、相談相手になる「デジタルサイネージプランナー」の養成が急務である。街で効果的に情報を提供するため、デジタルサイネージを含むさまざまなメディアを組み合わせた情報をデザインする人材こそ、これからの普及への1つのカギとなる。

　机の上のPCや、手のひらのスマートフォンをターゲットとしていたWebデザイナーにとっても、街中の大きなディスプレーに情報を表示させ、他のデバイスと効果的に連携させたりデバイスごとに情報を出し分けたりしながら、必要な情報を統合させる新たな情報メディアとしてのデジタルサイネージは、有望な職域と感じられるのではないだろうか。

NTTグループの㈱ドコモgaccoが運営するgacco.orgは、オンラインで大学レベルの講義を配信し、学ぶ人のコミュニティーを支援し、ビジネスへの参入を後押ししている。これからは、デジタルサイネージのICT技術の革新と、人材育成を両輪で進めていかなければならない。そのためにはこのような教育業界とサイネージ業界が協力して、情報デザインを広く学ぶことのできるカリキュラムの策定や、資格認定のための検定制度などの導入に加え、資格取得者の人材プールを作り、案件の紹介まで手掛けるなど踏み込んだ活動が必要である。そしてデジタルサイネージビジネスの入札の際には、そうした人材を配置することを応札条件とするようなムーブメントを作っていくことも必要である。

　2020年において、デジタルサイネージがさらにもっと、様々な情報を発信する役割の一翼を担うためには、「メディアデザイン」という考え方が、ますます必要だ。各々のメディアごとにコンテンツを別々に作るのではなく、さまざまなメディアと、ロケーションごとのそれぞれの役割分担を考えながら、提供する情報をトータルなデザインと、Webという標準技術の両方を使いこなすスキルを持った専門家を育成し、認定して、職域を拡大させることこそ、デジタルサイネージの普及と活用に必要な2つの重要なKSF（Key Success Factor：成功要因）である。

資料提供：㈱ドコモgacco

おわりに

　アナログな看板をデジタルに置き換えるところから始まったと言われているデジタルサイネージは、いまでは駅のコンコース、電車のドア上、空港、ショッピングモール、アパレルショップ、スーパーマーケット、タクシーの車内など、さまざまな場所で人々に情報を提供するまでになりました。しかし私たちは 2020 年には、デジタルサイネージがさらに多くの人々の注目を集め、人々の暮らしになくてはならないメディアになっていてほしいと考えています。そのためにはもっと、いろいろなことにチャレンジすることが必要です。若い映像クリエイターを育てること、もっと多くの国の言葉に対応すること、インターネットやモバイルと連携すること、行き交う人々にフィットした情報を提供すること、そして人々がサイネージを見て、どのように感じ、どのような行動をしたか理解できるようにすること。

　既存の枠にとらわれず、新しい可能性を求める姿勢が、未来を切り拓きます。2020 年を迎えたとき、デジタルサイネージがさらにイノベーティブなメディアでありますように、私たちは願っています。

デジタルサイネージに関連する主な用語

インチ	ディスプレーなどのサイズ表記。対角線の長さをインチで表す。1インチ＝ 25.4mm
インタラクティブサイネージ	双方向・相互作用を持つサイネージの意味。視認者の動きに反応したコンテンツ表示ができるサイネージのこと。タッチすると画面が切り替わるもの、カメラやセンサーを使うケースもある。キネクトやそれに類似の装置を使うこともある。
インターネットクラウド	PC、スマートフォン、デジタルサイネージなどで、手元のデバイス本体ではなくネットワークの向こう側にデータやアプリを置いて処理する仕組み。ネットワーク速度がある程度あれば、大容量データを高速処理・複雑処理することができる。
液晶ディスプレー	液晶ディスプレー（liquid crystal display、LCD）は、液晶組成物を利用する平面状で薄型の視覚表示装置をいう。それ自体発光しない液晶組成物を利用して光を変調することにより表示が行われている。最近は透明なものも出現している。
エンゲージメント	マーケティング用語として普及してきた単語で、相手との関係性の深さを指す。例えばある会社（の商品）が、多くの人に認知されているだけでなく、その人たちに特別に愛される会社である場合、その会社と生活者はエンゲージメントが深いという。
オムニチャネル	実店舗だけでなく、EC（インターネット通販）やテレビ通販なども加えたあらゆる接点から、いつでもどこでもシームレスに商品が購入できるようになる仕組み・環境。
音声ビーコン	音声を利用した通信方式。非可聴帯域の音を使って情報を配信する。スマートフォンで専用のアプリを使って情報伝達を行う。
可視光通信	可視光を利用した通信方式。画面の中のマーカーの点滅を使用するものや、光源のLEDの点滅自体で通信を行うものもある。スマートフォンのカメラと専用のアプリを使って情報伝達を行う。
画面アスペクト比	サイネージ画面の長辺：短辺比のこと。画面の縦・横の比率である画角と言うこともある。HDで 16：9、SDで 4：3が一般的。

カンデラ	「カンデラ」は光源から出る光の強さを示す。別の明るさの単位である「ルクス」は光源によって「照らされている面の明るさ」を示しており、1カンデラの光源から1m離れたところの照度が1ルクスとなる。カンデラはディスプレーの輝度を表す場合に使われる。
キネクト	元々はマイクロソフト社がゲーム機（Xbox360）用で商品化したセンサーデバイスのこと。カメラ、奥行きを測るセンサー、マイクなどを搭載している。Kinect for Windowsというパソコン向けデバイスが出て映像系クリエイターに普及した。ASUS社のXtion（エクシオン）も同様の機種。ジェスチャーコントロール、AR、バーチャルフィッティングなどでも使われる。
筐体 （きょうたい）	デジタルサイネージを自立した環境で設置する際にディスプレーを収納するケース。通常は金属性で、内部にディスプレーの他にSTB、電源、ルーター、排熱設備等を併せて内蔵する。筐体デザインは設置ロケーションの環境に留意する他、不具合発生時のメンテナンスのしやすさにも配慮する必要がある。
交通系ICカード	電車・バス等の公共交通機関で使用できるプリペイド方式の非接触型ICカード。JR東日本のSuicaやJR西日本のICOCA等、鉄道各社が発行しており、相互利用が進んでいる。また、タクシーや店舗でも使用できる。デジタルサイネージが連携する際には専用のカードリーダーが必要となる。
コンテンツ	広義にはデジタルサイネージに表示する広告やニュース等の情報全体を指し、具体的には動画・静止画・FLASH等の個別のファイルで提供される。狭義では広告や販促等メインの情報以外にサイネージの価値を高めるために放映するニュース・天気予報等を指し、様々なジャンルの情報が用意されている。
コンテンツ プロバイダー	ニュース・天気予報や占い・ランキング情報等を専門的に制作・配信するサービス会社で多くのテレビ局や通信社、天気予報会社等がこのサービスを実施している。個々のサイネージとシステム上で接続され、自動的に内容を更新する例が多い。
ジェスチャー コントロール	タッチパネルがサイネージ画面に触れて操作をするのに対して、画面に触れずに身振り手振りで操作を制御できる機能のこと。
指向性スピーカー	スピーカーはその音が届く範囲により、広指向性、狭指向性、超指向性に分類される。複数のサイネージが設置されるエリアでは、利用者に届く音が混ざり合わないように、狭指向性以上のスピーカーを設置することが多い。

用語	説明
自動翻訳サーバー	ある言語による文章と出力したい言語の種類を入力値として渡すと、別の言語による文章に自動的に翻訳して出力値として返すサーバー。自動翻訳のための辞書、アルゴリズム、文例などが搭載されている。入出力の形式は、テキストの他、音声に対応する場合もある。
ショールーミング	EC（インターネット通販）が普及したことによって、店頭では購入せず、店舗を商品の確認の場（ショールーム）として使い、実際の購入はEC上で行うという、新しく生まれつつあるショッピングスタイル。
ストリーミング型サイネージ	動画をサイネージで表示する際に、蓄積型と異なり予めSTB内にコンテンツファイルを蓄積せず、ダウンロードと同時に表示する方式。再生には専用のプレーヤーやブラウザーを使用することが多い。
短焦点プロジェクター	投影スクリーンから数m離して設置する必要があった従来のプロジェクターに対して、投影スクリーンから30cm〜1mほどの距離に設置しても結像することが可能なプロジェクター。スペースが狭い中小店舗などでプロジェクターを使った演出が可能となる。
蓄積型サイネージ	ロールに沿ったコンテンツを予めSTB内に取り込んで、このコンテンツを定められた順番で表示するタイプのサイネージ。個々の「コンテンツデータ」とコンテンツの表示順番やロールを定めた「プレーリスト」で制御されるタイプが多い。
超高輝度ディスプレー	1000〜2000カンデラの輝度を持つ液晶ディスプレー。一般的なデジタルサイネージでは通常輝度（500カンデラ程度）から高輝度（700カンデラ程度）の液晶ディスプレーが使われるが、特に屋外や直射日光下で採用されることが多い。
デファクトスタンダード	「事実上の標準」を指す用語。de factoはラテン語で「事実上、実際には」を意味する。ディファクトスタンダードと表記することもある。
動画ファイル形式、画像ファイル形式	サイネージの入稿データ形式。動画ではWMV9（ダブリューエムブイナイン＝Windows Media Video9）、MPEG2-PS（エムペグツーピーエス・PS＝プログラムストリーム）が一般的。MPEG2-TS（エムペグツーティーエス・TS＝トランスポートストリーム）はデジタル放送やブルーレイで使われている形式。静止画ではJPEG（ジェイペグ）が一般的。

同期	同一エリアにある複数面のサイネージにおいて、同一のコンテンツが同時に表示されること。多くのサイネージでは、STB がネットワークを経由して、インターネット時刻に STB 内の時刻合わせを行うことで実現している。
トランジション（効果）	（画面の）移り変わり、変わり目。画面切り替え時の映像効果を指す。フェーディン、フェードアウト、オーバーラップ、ページピールなど、さまざまな効果がある。
入稿フォーマット	デジタルサイネージで表示するコンテンツのファイル形式を定めたもの。主に動画・静止画の別でファイル形式、画素数、圧縮率、音声の有無等を定める。多くのサイネージシステムでは対応するフォーマットが定められている。
バーチャルフィッティング	仮想試着。AR の一種。鏡に見立てたディスプレーの前に試着者が立ち、カメラで撮影された試着者の映像の上に、予め用意した衣服の画像データを重ね合わせ、あたかも試着しているように見せる技術。
排熱対策	屋外等に設置するサイネージで輝度の高いディスプレーを採用する際に、直射による温度上昇やディスプレーや STB の発熱による不具合を避けるために、ファンやクーラーを筐体内に内蔵すること。設置環境の温度と設置する機器の発熱量により、個別に検討する必要がある。
パブリックビューイング	主にスポーツイベントにおいて、実際にイベントが行われている会場から離れたスタジアムや街頭にある大型ディスプレーで、会場から配信を受け生中継を行うイベントである。街頭やオープンなスペースで行われるスポーツ中継を指すことが多く、無料であることが多い。
ビーコン	元は無線などの電波通信技術。現在は、BLE、音声、可視光などを使ったプッシュ型通信装置（方式）をビーコンと呼ぶ。
ピクセル＝画素数＝画面解像度	色情報（色調や階調）を持つ最小単位、最小要素である画素の数。 1920 × 1080 ＝ FHD ＝ 2K、1280 × 720 ＝ HD、720 × 480 ＝ SD などと表記する。数が多いほど高画質。
ビットレート	動画データ等を圧縮するときの 1 秒当たりデータ量。一般に、ビットレートを大きくすると画質・音質は向上するが、ファイル容量は大きくなる。 9.8Mbps - DVD-Video に記録できる最高画質。15Mbps - 地上デジタル放送のハイビジョン放送の品質。

ビデオコーデック	動画・静止画等のデータを圧縮（エンコード）・伸張（復元・デコード）するプログラム形式のこと。これが合わないと再生できない点に注意。 WMV9（Windows Media Video 9）、H264、MPEG（エムペグ）など。種類は豊富。
ファサード	商業施設や建物の正面のこと。入口を含む店舗の「顔」に当たる。
フィラー	隙間を埋めるために詰めるものなどの意味から、空き枠に時間調整用に表示する環境映像や静止画等。
プッシュ配信	情報（コンテンツ）を、自ら探すのではなく、自動的・受動的に受け取る配信方法。Eメール広告やスマートフォンのアノテーション表示などが代表的なもので、「デジタルサイネージの前を通ると、スマートフォンの画面に関連情報が表示される」といったものがこれに当たる。
ブラックアウト	不具合等が原因でディスプレーの表示が消え、真っ暗になること。
プル受信	情報（コンテンツ）を、利用者自らが探して取得する方法。検索サイトで情報を探すことが代表的なもので、「デジタルサイネージの地図を操作して目的地を探し、それをスマートフォンにダウンロードする」といったものがこれに当たる。
フレームレート	1秒間に何枚の静止画を用いて、動画を作成しているかを表す数値。この数値が高いほど画面表示は滑らかになる。 例）29.97fps ＝ 1秒に29.97枚の静止画を使用（fps ＝ frames per second）
プロジェクションマッピング	対象にプロジェクション（＝投影）する映像をマッピング（貼り合わせ）する映写方法技術または映像作品。平面に単純投映するのではなく、建築や家具などの立体物、または凹凸のある面に非常に明るい強力なプロジェクター等で投映する。対象と映像がぴたりと重なり合うことで対象物が動いたり、変形したように感じさせることも可能。 ビデオマッピング、3Dマッピング、3Dプロジェクションマッピングとも呼ばれる。
ホログラフィックVR	「3Dホログラム」とも呼ばれる。舞台の前面に特殊スクリーンを配し、実在の演者とCGによる仮想を混在させるVR技術の1つ。

用語	説明
ホログラフィー	三次元映像を記録・再生する映像記録方法。狭義では、物体にレーザーを照射し、特殊なフィルムに光干渉縞を記録して、再生する三次元映像を意味する。広義では、ディスプレー内ではなく、ハーフミラーを活用してリアル世界と合成し三次元に見える疑似三次元映像も含む。
マルチタッチ	タッチパネルで2点以上の接触を同時に認識・処理できるタッチセンシングを指す。
メディアレップ	広告ビジネスにおいて、メディアオーナーの代わりに広告会社や広告主に広告枠のセールスなどの広告業務をおこなう事業・事業者。広告枠セールスから入稿手続き、配信管理、配信報告まで一式を行う場合もある。
ユニバーサルデザイン	文化・言語・国籍や老若男女、障害の有無等にかかわらず、利用することができる施設・製品・情報の設計。デジタルサイネージでは、画面の高さや傾き、筐体デザインや言語表記、画面の色使いやフォントサイズ等で考慮する必要がある。
ライフログデバイス	人生の日々の記録（ログ）を、ブログ、SNS、アプリ、ネットサービスサイトなどを使って記録していくことをライフログといい、ライフログデバイスとは、スマートフォンに代表される、これらを記録し記憶させるためのツールを指す。
ライブビューイング	スポーツイベントや音楽コンサートなどにおいて、実際にイベントが行われている会場から離れた映画館やスタジアムで、会場からライブ映像の配信を受け生中継を行うイベントである。興行ビジネスとして区分され、映画館のような閉じた空間で、有料で行われるイベントを指すことが多い。
ルーメン	光源から出る全方向に放射される光の総量を示す。ルーメンは照明やプロジェクターの明るさを表す場合に使われる。ANSIの定義では「ルクス＝ルーメン／平方メートル」である。
レガシー	オリンピック・パラリンピック開催時に整備されたシステムやインフラが、大会終了後も有益な資産として存続すること。社会インフラの整備振興や投資効率の面からも、2020年に向けて一定の仕様で整備されたデジタルサイネージは、その後もインバウンド対応や災害対応の場面で、引き続き有効に機能し運用を持続することが求められている。
ロール	サイネージで繰り返し表示する単位。1ロール6分・6分ロールなどと表記。ロール時間が短いほど露出回数は増える。

ロケーションフィー	鉄道や商業施設等、ロケーションを所有する事業者(ロケーションオーナー)にサイネージ事業者が支払う場所代。個別に契約で定められ、サイネージ運営コストの一部となる。
露出回数	広告用途サイネージで契約期間に1つのCMが表示される回数。一般的には、1日の放映時間÷ロール長×放映日数であり、広告料金と合わせて明示される。また通常は「露出保証回数」として、多少のバッファを折り込んだ露出回数を下回る回数が定められる。
ワンソース・マルチユース	1つのデータやコンテンツを複数のメディアで利用すること。

4K	フルハイビジョン(FHD)の4倍の表示画素を持つ映像。標準の16:9のアスペクト比によるピクセルはFHDの縦横各2倍で3840×2160。 Kはキロを示す。3840が4000に近いので、切り上げそう呼ぶ。その上が8K(ハチケー)。
8K	フルハイビジョン(FHD)の16倍の表示画素を持つ映像。標準の16:9のアスペクト比によるピクセルはFHDの縦横各4倍で7680×4320。 Kはキロを示す。7680が8000に近いので、切り上げそう呼ぶ。
AR	【Augmented Reality】拡張現実・拡張現実感と訳す。人間から見た現実世界を拡張するものを指す。コンピューター技術を用いて、カメラに映った映像(人物等)にCGで作成したコンテンツを重ね合わせ、デジタルサイネージやスマートフォンで見せるといったものが多い。
BCP(事業継続計画)	【Business Continuity Plan】事業継続計画とは、災害等のリスクが発生した際に、重要な業務を中断させないために、また中断した業務を想定する時間内に再開するために、企業が予め準備しておく計画。情報提供用途のデジタルサイネージでは機器の稼動確認や復旧の手順、災害情報伝達のルール等を予めBCPの中に定めておく必要がある。
BETACAMテープ	SD向けの記録素材。入稿メディアのことを指す より高画質で記録できるようにしたのが「BETACAM-SP」、デジタル記録方式にしたのが「Digital BETACAM」。

BLE	【Bluetooth Low Energy】Bluetooth 4.0として標準化され、通信速度の高速化を目的の1つとしてきたこれまでのBluetooth規格とは異なり、電池1つで長期間駆動させられる省エネルギー通信を主眼に設計されている。キーボードやマウスなど、通信データ容量が少なく、10m以内の近距離通信で使われる。
CMS	【Content Management System】コンテンツマネジメントシステムの略。サイネージのコンテンツを専門知識を持たなくても比較的簡単に管理・更新できるシステムのこと。例えば、商業施設で、個々の店舗のコンテンツ情報の更新を、各店舗の担当者が行うことができるようにしたものが該当する。
CSS	【Cascading Style Sheets】HTMLにおいて、文書の構造と体裁指示を分離するために、体裁指示をまとめて記述したもの。W3Cが仕様を勧告している。
HD	【High Definition】映像の画質・解像度の水準を表す用語の一つで、旧来のアナログテレビよりも高い解像度を持つ高精細なもののこと。HD画質のテレビ放送自体のことはHDTV（High Definition Television：高精細テレビ放送）ということがある。1920×1080ピクセルの解像度のことは特に「フルHD」（FHD）と呼ばれることがある。
HDCAMテープ	HD向けの記録素材。入稿メディアのことを指す。より高画質で記録できるようにしたのが「HDCAM-SR」
HDR	【High Dynamic Range】コンピューター画面上で表示可能な8bitの色深度を超えるようなダイナミックレンジの映像。
HTML	【HyperText Markup Language】ウェブ上の文書を記述するためのマークアップ言語。文章の構造や表示方法を示す形式言語の中に自然言語が埋め込まれる。インターネットの普及とともに標準化、機能の進化が進んでいる。標準化はW3Cによって行われ、2014年に勧告されたバージョンであるHTML5では、マルチメディア（動画など）の取り扱いが大幅に向上している。
HTTP	【Hypertext Transfer Protocol】Webサーバーとブラウザーの間でHTMLなどのテキストや画像、音声などをやり取りするための通信手順。HTTPSは、HTTPにセキュリティー機能を付加したもので、暗号化された通信を行う。
IEEE	【The Institute of Electrical and Electronics Engineers, Inc.】米国に本部を持つ電気工学・電子工学技術の学会。Wi-Fi等の標準化で有名。

IETF	【The Internet Engineering Task Force】インターネットで利用される技術の標準化を策定する組織
IoT	【Internet of Things】PC やスマートフォンだけでなく、いろいろなものがインターネットとつながって、そのことにより様々なサービスを提供できるようになること（もの）。腕時計、メガネ、鍵、空調機などを代表に、様々な製品が生まれてきている。
JavaScript	主にウェブブラウザーに実装されるプログラミング言語。ウェブでの動的でインタラクティブな UI 構築の役割を担う。
KIOSK 型サイネージ	タッチパネルを備えた自立式サイネージのこと。地図検索や商業施設のフロア案内等、情報提供用途で使用されることが多い。
L アラート	一般財団法人マルチメディア振興センターが運用する情報流通基盤。災害等の住民の安心・安全に関わる情報を迅速かつ効率的に伝達することを目的とする。総務省の「2020 年に向けた社会全体の ICT 化アクションプラン」では L アラートの情報をデジタルサイネージで共通利用し、伝達することが示されている。
LED ディスプレー	表示素子に発光ダイオードを用いるディスプレー装置。発光ダイオードを必要な画素数並べ、それらの発光により映像を映し出す。大型化が容易であり、街頭やスタジアムの大型ディスプレーに使われることが多い。
NFC	【Near Field Communication】非接触型 IC カードやスマートフォンを使った近距離無線通信技術。通信距離は 10cm 程度。FeliCa も NFC に含まれる。
O2O	【Online to Offline】オンライン上のコンテンツやクーポンからオフライン（実店舗）へ誘導すること。デジタルサイネージに QR コード等を表示して、スマートフォンにクーポン等を表示し、店舗誘導を行なうケースでは O2O2O（Offline to Online to Offline）と呼ばれることもある。
ODS	【Other Digital Stuff/Source】映画以外のコンサート、スポーツ、演劇等のコンテンツを映画館で上映すること。ブロードバンドや衛星回線で多数の映画館に同時中継するのが一般的。
OOH	Out of Home の略で、屋外広告を意味する。屋外ビジョンや交通広告、屋外サイン等のこと。アウトオブホームメディアとも呼ぶ。

OTT	【Over The Top】インターネットでメッセージや音声、動画などを提供する、通信事業者以外の企業のことをいう。
QR コード	デンソーが開発したマトリックス型二次元コード。モザイク型の模様をスマートフォンなどのカメラで読み取り、情報を取得する仕組み。QR コードという名称は(株)デンソーウェーブの登録商標である。バーコードより格納できる情報量が多く、紙媒体にも印刷が容易なため、日本のみならず、海外での利用も増えている。
SD	【Standard Definition】映像の画質・解像度の水準を表す用語の1つで、旧来のアナログテレビ相当のもののこと。HD (High Definition) ではない映像。
SG16	ITU-T SG16; ITU-T (国際電気通信連合電気通信標準化部門) Study Group16：第 16 研究委員会。情報通信技術 (ICT) 分野の国際標準化を行っている ITU-T の主要 SG の一つで、画像符号化や IPTV、デジタルサイネージ、モノのインターネット (IoT)、医療の情報化 (e-health)、高度道路交通システム (ITS) 等の分野の国際標準化活動を推進している。
STB	【Set Top Box】セットトップボックス。映像信号を変換してサイネージに映す装置のこと。PC に近い。
UHD	【Ultra High Definition】超高精細映像のこと。現行の HD 放送 1080i (2K) に比べ映像・動画の解像度 (画素数) が高い規格で 4K (3840 × 2160)、8K (7680 × 4320) のことを言う。
UI	【User Interface】利用者 (人間) と機器の情報のやり取りのインターフェイス。機器の形状を含め、利用者による入力、機器による情報の提供のそれぞれについて、わかりやすさ、労力の少なさ、安全性、心地よさなどの観点から最適な設計が求められる。
UX	【User Experience】利用者 (人間) が機器やサービスを利用する場合の利用者の体験を総合的に評価する概念。利用者から見て本当に実現したいことは何か、それが心地よく実現されているかどうかを、重視する。
VR	【Virtual Reality】仮想現実および仮想現実を作り出す技術。視覚およびその他の感覚器官に働きかけ、実際に存在しない仮想環境を現実のように認識させる技術である。Oculus Rift、HTC Vive のようにゴーグル型の VR ヘッドセットが主流になってきている。

W3C	【World Wide Web Consortium】World Wide Web（インターネットの総称）で使用される各種技術の標準化を推進する団体。
Web・SNS連携	Webサイトのコンテンツや、SNSのテキストや画像をデジタルサイネージの表示素材として最適化して配信すること。例えば商業施設等で複数のプロモーションツールを運用する際に、デジタルサイネージのCMSがSNSと連携することで、情報の一元管理と大幅な省力化が図れる。

執筆

　一般社団法人デジタルサイネージコンソーシアム
　マーケティング・ラボ部会

幹事

築瀬 猛	シスコシステムズ合同会社
吉田 勝広	株式会社オリコム

研究員

池田 航	株式会社 WOWOW
江口 靖二	合同会社江口靖二事務所
菊井 健一	株式会社東急エージェンシー
草水 美子	株式会社 QOLP
中村 秀治	株式会社三菱総合研究所
山本 孝	株式会社ジェイアール東日本企画

執筆協力

伊能 美和子	株式会社ドコモ gacco
大森 聖	TO-FU
川村 行治	株式会社インセクト・マイクロエージェンシー
多田 周平	株式会社ニューフォリア
中村 伊知哉	慶応義塾大学メディアデザイン研究科

編集協力

藤崎 梨奈	一般社団法人デジタルサイネージコンソーシアム

表紙デザイン

大森 聖	TO-FU

[編著者紹介]

一般社団法人デジタルサイネージコンソーシアム　マーケティング・ラボ部会

マーケティング・ラボ部会は、デジタルサイネージビジネスの実例をマーケティング視点から調査・分析し、デジタルサイネージビジネスのあるべき姿を、コンソーシアム内外にフィードバックすることを目的に設立された部会。

活動内容
- デジタルサイネージビジネスを支援するための情報の収集、整理、分析、分類
- 経営視点からみたデジタルサイネージビジネスの分類と成功要因、課題の整理
- 売りに繋がるサイネージとマネタイズ要因の分析
- デジタルサイネージの設置ロケーションの現地調査と、事例概要、特長のまとめ
- 過去の活動レポート「デジタルサイネージ白書」「デジタルサイネージ　成功のX箇条」

  http://www.digital-signage.jp/

デジタルサイネージ2020

2016年6月15日　第1版第1刷
2019年8月15日　第1版第3刷

編　　著	一般社団法人デジタルサイネージコンソーシアム マーケティング・ラボ部会
発 行 人	澁谷　尚幸
発 行 所	株式会社　東急エージェンシー 〒107-8417　東京都港区赤坂4-8-18 電話　03-3475-3566 http://www.tokyu-agc.co.jp/
印刷・製本	精文堂印刷　株式会社

© Digital Signage Consortium／Tokyu Agency Inc. 2016 Printed in Japan
ISBN978-4-88497-125-0　C0063